Niklas Tripolt

Kundensignale erkennen – Verkaufschancen nutzen

Niklas Tripolt

Kundensignale erkennen – Verkaufschancen nutzen

Sieben Wege zum positiven Verkaufsabschluss

SiGNUM

Besuchen Sie uns im Internet unter
www.signumverlag.de

Schutzumschlag: Wolfgang Heinzel
Satz: Fotosatz Völkl, Inzell/Obb.
Gesetzt aus der 11,5/14 Optima
Druck und Binden: GGP Media GmbH, Pößneck
Printed in Germany
ISBN-13: 978-3-7766-8016-4
ISBN-10: 3-7766-8016-4

Inhalt

Vorwort

Liebe Leserin, lieber Leser,

meine Gratulation zu Ihrem erfolgsorientierten Entschluss, dieses Buch zu lesen. Als ich vor mittlerweile 26 Jahren mit dem Verkaufen begonnen habe, konnten viele meiner damaligen, meist viel älteren Kollegen von ihrem »Verkäuferschmäh« sehr gut leben.

Andere Kompetenzen waren damals noch nicht so wichtig. Obwohl manche behaupten, Verkaufen ist seit tausend Jahren gleich, sage ich, dass ein erfolgreicher professioneller Verkäufer heute mehr haben muss als nur einen guten »Schmäh«.

Solides Fachwissen ist unabdingbar, darf jedoch nicht dazu führen, dass wir unserem Kunden alles erzählen, was wir wissen. Wir brauchen es jedoch, um uns ganz auf das Gespräch mit unserem Kunden konzentrieren zu können. Auch Kunden-know-how zu haben ist wichtiger als je zuvor. Mit wem habe ich es zu tun? Was ist das für ein Mensch? Wen kennt er, den ich auch kenne? Was ist seine Kernkompetenz und die seiner Firma? Wer sind seine Kunden? Und so weiter. Ohne digital organisierbares Kundenwissen ist heute ein wirklich professioneller Verkauf nicht mehr möglich.

Und trotzdem gibt es viele Beraterkollegen, Verkäufer, Salesmanager und Key-Account-Manager, die diese gerade erwähnten Basisfähigkeiten haben (manche sogar im »kleinen Finger«) und lange nicht so erfolgreich sind, wie sie es eigentlich sein könnten. Seit mittlerweile neun Jahren begleiten wir von VBC (**V**erkaufs**b**eraterinnen**c**olleg) im Rahmen unserer Coachingtätigkeit Verkäuferkollegen im Außendienst, beim Besuch ihrer Kunden. Sehr oft stellen wir dabei fest, dass Kundensignale nicht erkannt, quasi übergangen und damit die Chancen, die sich für den Geschäftserfolg geboten haben, nicht genutzt werden.

Dieses Buch bezieht sich genau darauf: Wie erkenne ich, dass mein Kunde »abschlussreif« ist und was kann ich dann tun, dass wir eine erfolgreiche Vereinbarung treffen?

Viele Muster, die wir dabei erkennen, erleben wir ja alle auch privat. Eine neue Frau oder einen neuen Mann kennen zu lernen, hat durchaus einiges Vergleichbares. Plötzlich verkaufen wir nicht mehr unser Produkt oder unsere Dienstleistung, sondern uns! Darum beginne ich dieses Buch auch mit dem Kapitel »Was hat Erotik mit Verkaufserfolgen zu tun?«.

In der Folge werden wir uns mit den Kompetenzbereichen beschäftigen, die heute im modernen Verkauf den Erfolg ausmachen. Sie lesen, dass Verkaufsprofis ein System haben und tolle Standards im Verkauf eine wertvolle Unterstützung bieten. Klar ist, dass dabei die Bedeutung der Emotion im Verkauf nicht zu kurz kommen wird. Ab Kapitel 6 konzentrieren wir uns auf die »heiße« Phase im Verkaufsgespräch, auf die Abschlussphase. Schritt für Schritt erarbeiten wir professionelle Wege zu Ihrem Verkaufsabschluss. Sie lesen und lernen Techniken, die Ihnen bei zukünftigen Gesprächen zu

Abschlüssen verhelfen werden, die sie bisher nicht bekommen haben.

Im ganzen Buch wird darauf geachtet, dass alle Kommunikationsunterstützer immer zum Vorteil für Ihre Kunden und Sie eingesetzt werden. Das Gewinner-Gewinner-Prinzip werden wir nie verlassen.

Noch etwas zur universellen Ansprache: Frauen haben von ihren Grundanlagen mehr Talent als Männer für den Verkauf. Das heißt jedoch nicht, das Männer per se die schlechteren Verkäufer sind, es kommt ja nicht nur auf das Talent an. Trotzdem verzichte ich in diesem Buch auf die weibliche Form der Anrede, einfach der einfacheren Lesbarkeit halber. Leserinnen werden mir das bitte verzeihen.

Ich wünsche Ihnen nun einige interessante und erkenntnisreiche Stunden, die Ihre Verkaufsabschlussquote phantastisch beflügeln werden.

Viel Spaß und Erfolg,
Ihr

Niklas Tripolt

1.

Was hat Erotik mit Verkaufserfolgen zu tun?

1.1 Erotik, was steckt dahinter?

Es handelt sich dabei wohl um einen der interessantesten Begriffe der Menschheit. Im Duden steht: Sinnlichkeit, Liebeslehre, Liebeskunst ... Wie hat doch Liebe und Sinnlichkeit die Weltgeschichte geprägt, und wie sehr zieht sie uns bis heute in ihren Bann! Erotik, ein Bereich des Lebens, der, egal ob Mann oder Frau, bewegt, anregt, interessiert – und das nicht nur privat. Wussten Sie, dass 80 Prozent des weltweit gemachten Umsatzes im Internet dem »Geschäftsfeld« Erotik zuzuordnen ist? Mit Erotik lässt sich also Geschäft machen und gar nicht wenig!

Ein sehr guter Kunde von uns – ein Mobiltelefonanbieter der dritten Generation (UMTS) – berichtet, dass in der Hitliste der meistverwendeten Inhalte (Content) in seinem Angebot immer die Sexseiten gewinnen. Das gilt natürlich nicht nur für das deutschsprachige Mitteleuropa oder gesamte Europa, sondern auch für andere Kontinente. Sind Sie schon einmal in Tokio U-Bahn gefahren? Also wenn sie dazu einmal die Gelegenheit haben, schauen Sie einem der zahlreichen Asiaten, die sich gerade intensiv mit ihrem Mobiltelefon beschäftigen, über die Schulter. Sie werden überrascht sein, was Sie dort sehen werden – oder auch nicht.

Dass Boulevardblätter ihre Auflagen mit der Abbildung von nackten Menschen, meist Frauen, erhöhen, ist uns allen klar, aber dass selbst streng wissenschaftliche Berichte mit medizinischem Inhalt, näher gebracht durch viel nackte Haut, die Auflagen erhöhen, ist denn doch verwunderlich.

Die Spielchen, die seinerzeit Bill Clinton im Weißen Haus in Washington im berühmten Oval mit seiner Praktikantin gespielt hat, haben die Welt damals mehr interessiert als die gleichzeitige Krise im Nahen Osten oder die Zinsentwicklung in den USA.

Erotik fasziniert die Menschen!

1.2 Wollen Sie mit einem Mann schlafen, der Ihnen nicht gefällt?

Wenn ja, muss Sie die Lust wohl »überfraut« haben, oder das eine oder andere Aphrodisiakum hat Sie so willenlos gemacht, dass Sie ihm ausgeliefert waren. Am nächsten Morgen kam dann wohl die große Ernüchterung, und auf das Austauschen der Telefonnummern haben Sie schlichtweg verzichtet. Schon klar, Ihnen ist das noch nie passiert, aber andere Frauen sollen das schon einmal erlebt haben.

Wir Menschen sind neugierige Augentiere, unser visueller Sinneskanal ist unser stärkster! Die Optik ist uns also wichtig. Was das für den Verkauf heißt, kann man sich vorstellen.

1.3 Wieso können wir uns so genau an den ersten Kuss erinnern?

... wenn wir plötzlich das Lied hören, das ihn damals begleitet hat. Der auditive Kanal bei uns Menschen ist unterschiedlich stark ausgeprägt. Manche Kunden – die Visuellen – wollen, dass wir ihnen viel zeigen, die Auditiven wollen, dass wir alles immer wieder beschreiben und erklären und das soeben Besprochene vielleicht noch einmal wiederholen. Ein guter Freund von mir (er weiß, von wem ich spreche, ich muss seinen Namen nicht nennen), der klassische Musik und Konzerte liebt, hatte einst eine neue, hübsche junge Frau kennen gelernt und sie immer wieder ins Konzerthaus geschleppt. Sie liebte jedoch moderne Musik, Pop und Rock – irgendwie ist sie ihm bald abhanden gekommen. Hier hat die Kommunikation nicht gestimmt. Es wurde zwar kommuniziert – wir Menschen können gar nicht anders, wir kommunizieren immer und überall und sogar, wenn wir nichts reden. Sinn gemacht hätte jedoch hier nur die richtige Kommunikation. Mehr darüber lesen Sie in den vielen spannenden Werken des großen Denkers Paul Watzlawick.

1.4 Verliebte haben ein Gespür für den Partner/die Partnerin und wollen so sein wie er oder sie

Verliebte machen sich nach?

Gehen Sie doch heute Abend in ein Restaurant oder in eine Bar und beobachten Sie die Paare, die dort sitzen und miteinander reden. Ohne zu hören, was gesprochen wird, werden Sie erkennen, ob es ihnen gut geht. Wenn sie über ihre gemeinsame Zukunft, über die Liebe, über den nächsten Urlaub, kurz, über Angenehmes, sprechen, machen sie sich nach. Sie verschränkt ihre Hände, er verschränkt sie, sie hält den Kopf schräg, er hält den Kopf schräg. Sie berührt seinen Arm, er berührt ihren Arm. Psychologen sagen, sie »spiegeln« ihr Verhalten, und zwar mit allen Sinnen. Die Neurolinguisten (NLP = neurolinguistisches Programmieren) sprechen bei ähnlichem Verhalten mit allen Sinnesäußerungen auch vom Rapport. Das Wort kommt aus dem Französischen und steht dort für »Entsprechung«. Wenn es uns gut geht, dann gelangen wir sozusagen ganz automatisch in Rapport. Wenn nicht, brechen wir es – auch automatisch.

Denn was macht das Paar, das nichts Erfreuliches zu bereden hat? Das möglicherweise über Trennung spricht, über den noch auszuwählenden Rechtsanwalt oder die anstehenden Unterhaltszahlungen? Diese beiden haben ein völlig diametrales körpersprachliches Verhalten: Sie verschränkt ihre Arme, er zeigt mit dem Finger auf sie. Sie beugt sich vor, er beugt sich zurück. Sie spricht besonders laut oder schreit, er wird immer leiser. Ihr Verhalten läuft auf allen Sinneskanälen komplett unterschiedlich ab.

Wie wichtig Rapport in einem Verkaufsgespräch ist, braucht man uns Verkäufern nicht zu erklären. Ein Feuerwerk an Ideen, wie man mit seinen Kunden schnell in guten Rapport kommt, kann man in dem Buch »Die letzten Geheimnisse im Verkauf« von Roman Kmenta nachlesen. Details entnehmen Sie bitte dem Literaturverzeichnis am Ende dieses Buches.

1.5 Hatten Sie schon Sex mit jemandem, den Sie nicht riechen konnten?

Ich schon, aber nur einmal. Welche Erinnerungen werden in uns wach, wenn wir Düfte erleben? Einmal ist es vielleicht der Duft der Kindheit, der uns plötzlich entgegenweht, damals, als Oma für uns Kuchen gebacken hat, und wir sind für einen kurzen Moment wieder bei Oma, sehen ihre Wohnung vor uns und fühlen, wie wir damals gefühlt haben. Ein anderes Mal steigen wir in einen Aufzug – und da ist das Parfüm einer vergangenen Sommerliebe, die uns plötzlich wieder greifbar nahe ist, mit allen wunderbaren Erinnerungen.

Wen wundert es, wenn Gerüche, die so starke Empfindungen hervorrufen können, auch unser Verkaufsverhalten beeinflussen? Vor kurzem war ich in einem Elektrogroßmarkt auf der Suche nach einem neuen PDA (Personal Digital Assistant); das sind diese kleinen elektronischen Winzlinge, ohne die wir Verkäufer und Verkäuferinnen ja nicht mehr leben wollen. Mein Gerät war kaputt, und ich benötigte dringend ein neues. Und so traf ich auf einen Verkäufer, der mir fachlich kompetent schien. Doch als ich ihm näher kam, prallte ich zurück. Da es erst neun Uhr in der früh war, konnte der Geruch, den er verströmte, nicht durch den Stress eines langen Arbeitstages ausgelöst worden sein. Ich verließ fluchtartig das Geschäft und kaufte mein Gerät woanders – vielleicht mit weniger kompetenter Beratung, aber unbelästigten Geruchsnerven.

1.6 Liebe geht durch den Magen

Es ist keine besonders originelle, aber eine sehr bewährte Idee, wichtige Projekte mit wichtigen Kunden mit einem guten Mittag- oder Abendessen zu verbinden. Das Sprichwort »Liebe geht durch den Magen« gilt auch für ein Verkaufsgespräch, und ein solches in einem guten Restaurant zu führen, lohnt meist die Investition. Wir Verkäufer sind doch gelegentlich auch Kunden, und wenn uns dann ein Verkäufer zu einem wirklich guten Essen eingeladen hat, möglicherweise in unser Lieblingsrestaurant, so war das unserer Kaufbereitschaft nicht wirklich abträglich.

1.7 Was wir Verkäufer von Verliebten lernen können

Verliebte finden sich spannend und interessant und tun alles, um diesen Zustand möglichst lange aufrechtzuerhalten – sie gehen aufeinander ein.

Verliebte schmieden Pläne, nicht selten planen sie gleich nach wenigen Tagen des Kennenlernens langfristig, sprechen über interessante Länder, Urlaubsreisen, gemeinsame Vorlieben. Verliebte blicken in eine gemeinsame Zukunft und malen sich diese in den schönsten Farben aus.

Verliebte beschenken sich und das nicht nur materiell.

1.8 Wie können wir das alles im professionellen Verkauf umsetzen?

Wer kennt sie nicht, die berühmten guten Vorsätze, meist zu irgendwelchen Festtagen gefasst und nach einigen Monaten stillschweigend entsorgt, weil es beim Vorsatz geblieben ist? Damit Sie, liebe Leserin, lieber Leser, für sich das Maximum aus diesem Buch herausholen können, biete ich Ihnen immer wieder eine Reihe von Fragen an, die sich auf die Inhalte des Leseabschnitts beziehen. Die Erfahrung von vielen tausend VBC-Verkaufstrainingsteilnehmern zeigt, dass die Chance der erfolgreichen Umsetzung von guten Vorsätzen gigantisch steigt, wenn es gelingt, das Vorhaben bereits in den nächsten 72 Stunden ab dem Beschluss in Angriff zu nehmen. Greifen Sie daher jetzt nach Ihrem Schreibgerät und beantworten Sie für sich jede der nachfolgenden Fragen, um sich persönlich damit zukünftig noch mehr Erfolg im Verkauf zu sichern. Verknüpfen Sie dann die Antworten mit Ihrem Kalender und notieren Sie dort konkret Ihren ersten guten nächsten Schritt.

Die 72-Stunden-Regel mit Praxisfragen

Praxisfrage 1:
Wie entdecke ich VAKOG (**V**isuelle, **a**uditive, **k**inestätische, **o**lfaktorische, **g**ustatorische Ausprägungen) bei meinem Kunden?

Mein erster konkreter Schritt zur erfolgreichen Umsetzung:

Praxisfrage 2:
Wie werde ich meine Wahrnehmungsgenauigkeit schärfen, und welche Fortbildungsmöglichkeiten gibt es dazu?

Mein erster konkreter Schritt zur erfolgreichen Umsetzung:

Praxisfrage 3:
Was kann ich von Verliebten lernen, und was werde ich daher im Verkauf gleich umsetzen?

Mein erster konkreter Schritt zur erfolgreichen Umsetzung:

Als Service haben wir für Sie die Praxisfragen dieses Kapitels auf unserer Homepage abgebildet (www.vbc.biz). Der Autor bietet dort auch Antwortmöglichkeiten an.

2.

Die fünf notwendigen Kompetenzen für den Verkaufserfolg

Ist Verkaufserfolg Talentsache?

Hatte Michael Schumacher mehr Talent als sein Bruder Ralph? Michael Schumacher war siebenmal Weltmeister in der Formel 1, der Königsklasse im Autorennsport. Sein Bruder Ralph noch nie! Also hatte Michael siebenmal mehr Talent als Ralph?

Oder für die österreichischen Leser und Tennisinteressierten: Hatte Thomas Muster mehr Talent als Horst Skoff? Jedenfalls flogen einige Talente-Scouts in das Trainingslager Südstadt südlich von Wien, um dem begnadeten Skoff auf die Schlaghand zu schauen. Thomas Muster wurde zu diesem Zeitpunkt kaum wahrgenommen. Die Geschichte beantwortet die Frage, Muster war fast zehn Jahre unter den besten Tennisspielern der Welt und einige Wochen sogar die Nummer eins. Horst Skoff war nur kurz die Nummer 20 im ATP, und das war es dann schon.

Verkaufen ist erlernbar

Beim Verkaufen ist es ähnlich wie im Sport. Die Kombination Talent und Umsetzungskonsequenz ist genial. Aus meiner eigenen früheren Erfahrung als Verkaufsleiter in der Medizintechnik weiß ich aber, dass weniger Talentierte, die fleißig und konsequent solide Verkaufstechniken erlernen, langfristig wesentlich erfolgreicher sind als die Talentierten mit schwankender Leistungsbereitschaft.

Mehr dazu lesen Sie bitte in meinem Buch »Spitzenverkaufserfolge – Motivation in schwieriger Zeit« aus dem Signum-Verlag.

Wie machen wir nun das notwendige Verkaufs-Know-how dingfest? In der Schulung von Tausenden Verkäufern aus unterschiedlichsten Branchen haben sich folgende Qualifikationen als Schlüsselkompetenzen herausgestellt:

2.1 Kompetenz Nr. 1: Fachwissen und Kunden-Know-how

Landläufig hört man ja, dass Fachwissen gar nicht so entscheidend dafür wäre, ob jemand gut verkaufen könne. Wir von VBC sehen das anders. Fachwissen ist die Basis für den erfolgreichen Verkaufsdialog. Wenn wir fachlich nicht ganz fit sind, können wir uns nicht mit allen Sinnen unserem Kundenpartner widmen. Möglicherweise müssen wir ständig darauf achten, dass unser Kunde uns nicht etwas fragt, wovon wir keine Ahnung haben. Fachwissen ist also das Fundament, die Basis für unseren Erfolg. Fachwissen allein ist allerdings zu wenig. Verkaufsprofis beschäftigen sich mit ihren Kunden so:

- Was weiß ich über die Firma?
- Welche Produkte/Dienstleistungen verkauft das Unternehmen?
- Wer sind die Ansprechpartner?
- Wie laufen die Entscheidungswege ab?

- In welcher Wettbewerbssituation steht die Firma?
- Wer sind die Kunden meines potenziellen Kunden?

Die Antworten auf diese Fragen klären wir in unserer professionellen Vorbereitung. In der folgenden Liste stelle ich dem effizienten Verkäufer einen weniger effizienten gegenüber. Diese Liste dient nicht nur Ihrer Selbstkontrolle, sie ist auch eine wertvolle Hilfe für Führungskräfte, die im Rahmen ihrer Coachingtätigkeit mit ihren Verkäufern und Mitarbeitern handfeste Kriterien besprechen möchten

Der effektive Verkäufer	**Der weniger effektive Verkäufer**
• kennt das eigene Angebot und nimmt an Schulungen aktiv teil	• hat nur ein oberflächliches Fachwissen und schummelt sich im Gespräch darüber hinweg
• informiert sich regelmäßig über die eigene Branche (Fachzeitschriften, Internet, Messen etc.)	• glaubt, dass die Informationen eine »Bringschuld« der Firma sind
• verwendet zwar die branchenspezifischen Fachausdrücke, erklärt sie aber immer wieder ungefragt, sowie den Nutzen, den der Kunde davon hat	• spricht unverständliches Fachchinesisch
• hält sich in Bezug auf Angebote der Konkurrenz auf dem Laufenden	• äußert sich abwertend über den Mitbewerber

Der effektive Verkäufer	Der weniger effektive Verkäufer
• sieht die Dinge aus der Perspektive des Kunden, das heißt, er versetzt sich in dessen Lage	• agiert aus der Position des Besserwissers
• bittet den Kunden um ein Feedback	• hält nicht ein, was dem Kunden versprochen wurde
• nutzt jede verfügbare Gelegenheit (einschließlich gesellschaftlicher Anlässe), um mit Kunden Kontakt zu halten	• beschränkt sich auf ausschließlich geschäftliche Kontakte

2.2 Kompetenz Nr. 2: Verkaufsgeschick

A. Aktiv zuhören oder doch lieber nur hinhören

Wir kennen doch alle die Situation am Mobiltelefon mit einem Kunden, wenn es plötzlich still wird und keiner mehr redet – das nervt! Ist vielleicht die Verbindung unterbrochen … »Sind sie noch dran?«, fragen wir verunsichert. Diese Situation beschreibt genau das Gegenteil des aktiven Zuhörens beziehungsweise Hinhörens!

Bleiben wir beim aktiven Zuhören, einem Begriff aus der Kommunikationspsychologie.

Aktives Zuhören heißt für uns Verkäufer,

- das Interessanteste und Wichtigste über den Kunden herauszufinden,
- sich selbst zurückzunehmen,
- sich auf den Kunden zu konzentrieren und dies durch die Körperhaltung auszudrücken,
- die Körpersprache gezielt einzusetzen und nicht reglos dazusitzen,
- allen Ablenkungen zu widerstehen,
- seine eigene Meinung zurückzuhalten,
- bei Unklarheiten nachzufragen,
- Pausen auszuhalten, denn sie können ein Zeichen für Unklarheit, Angst oder Ratlosigkeit sein,
- auf die eigenen Gefühle zu achten,
- im Kunden den Partner zu erkennen und seine Gefühle anzusprechen,
- zu zeigen, dass man zuhört,
- das Positive am Kunden als seinen Partner zu erkennen und sich nicht von negativen Gefühlen einnehmen zu lassen,
- Geduld zu haben und nicht zu unterbrechen,
- hinter der Rolle des Kunden den Menschen mit all seinen Gefühlen und Bedürfnissen zu erkennen,
- Blickkontakt zu halten,
- den Kundenpartner durch freundliche Zuwendung zu beruhigen,
- zwischen den Zeilen zu hören,
- sich in die Situation des Kundenpartners zu versetzen.

Und damit gelingt es uns,

- einen persönlichen Kontakt mit dem Kunden herzustellen,
- die Gesprächsatmosphäre deutlich zu entspannen,
- bei verhärteten Standpunkten leichter eine emotionale Übereinstimmung zu erzielen (besonders bei Reklamationsgesprächen).

Tipps für das aktive Zuhören

- **Augenkontakt**
- **Nicken**
- **...mmh, ...mmh**
- **Ja, bzw. bestätigen**
- **Lächeln (wenn angebracht)**
- **Eventuell mitschreiben (situationsangepasst)**
- **Kundenaussage wiederholen**
- **Verständnis – Fragen stellen**

→ **»Dies gilt auch fürs Telefon – denn auch Lächeln kann man hören.«**

VBC

Wir haben zwei Ohren, jedoch nur einen Mund. Heißt das vielleicht, dass wir mehr zuhören sollen als reden?

Und hier für Sie wieder die Effektivitätsunterscheidung:

Der effektive Verkäufer	**Der weniger effektive Verkäufer**
• lässt den Gesprächspartner ganz ausreden	• fällt dem Gesprächspartner ins Wort
• signalisiert mit dem Körper: »Ich bin ganz Ohr, Sie können mir alles in Ruhe erklären.«	• wirkt zeitweise abwesend oder kramt in seinen Unterlagen, während der Partner spricht
• fasst die Aussagen des Partners zusammen und erkundigt sich, ob er alles richtig verstanden hat	• interpretiert in die Aussagen des Partners Dinge, die nicht gesagt wurden
• nimmt sich ausreichend Zeit und vermittelt dem Partner das Gefühl, im Augenblick nur für ihn da zu sein	• wirkt ungeduldig, wenn der Partner in seinen Schilderungen ausufert
• hält ausreichend Blickkontakt und nimmt »nonverbale« Signale wahr, um gegebenenfalls darauf einzugehen	• hält wenig Blickkontakt und wirkt dadurch entweder schüchtern oder arrogant
• macht sich Notizen	• schreibt nicht mit

B. Gekonnte Fragetechnik

Alles, was wir sagen können, können wir auch fragen.

Wir kennen ja alle die Situation, wenn uns ein Verkäufer mit Informationen erschlägt. Viel reden heißt, nicht gut zu verkaufen – gut verkaufen heißt vielmehr, gezielt zu fragen. Gezielt fragen heißt nicht, dass wir den Kunden ins Kreuzverhör nehmen, mit einem Xenonstrahl ins Gesicht blenden, bis ihm der Schweiß ausbricht. Wir stellen Fragen, auf die der Kunde mit »he, der interessiert sich für mich« und »der möchte wirklich meine Probleme kennen lernen« reagiert.

Wir werden auf die gekonnte Fragetechnik in diesem Buch im Kapitel 3 »Der Verkaufsprozess« konkret zurückkommen.

Hier wieder unser Effektivitätsvorschlag:

Der effektive Verkäufer	**Der weniger effektive Verkäufer**
• führt durch Fragen	• sagt statt zu fragen
• setzt gezielt offene Fragen ein	• verwendet fast ausschließlich geschlossene Fragen
• stellt eine Frage nach der anderen und wartet dazwischen die Antwort des Kunden ab	• stellt Kettenfragen

C. Argumentation

Die Argumentation gehört wohl zum Verkaufsgespräch, ich habe damit keine große Freude. Aus folgendem Grund: Millionen von Verkäufern und Verkäuferinnen werden vom ersten Arbeitstag an darauf trainiert, die Vorzüge der Produkte oder Dienstleistungen ihres Unternehmens gut zu argumentieren. Und das tun sie dann auch, darauf können sie sich verlassen – sie argumentieren ihre Kunden nieder.

Versuchen wir es einmal anders: Stellen Sie sich vor, Sie würden gar nicht argumentieren! Sie stellen bloß schlaue Fragen, bringen Ihre Kunden auf neue Ideen, decken deren Bedarf und schaffen so den größeren Kundennutzen. Werden Sie der Coach Ihres Kunden! Unvorstellbar, dass zum Beispiel der persönliche Coach des Generaldirektors der Deutschen Telekom diesem einflüstert, was er zu tun hat und warum. Die Aufgabe des Personal Coach ist es, Fragen zu stellen, die neue Zugangsweisen eröffnen und zu neuen Lösungen führen können.

Wenn wir schon argumentieren, dann bitte so:

Verwenden Sie die MNC®-Methode:

Das **M** steht für Merkmal: eine Eigenschaft unseres Angebots, ein Argument für unser Produkt.

Das **N** steht für Nutzen: Welchen Nutzen beziehungsweise Vorteil bringt das den Kunden?

Das **C** steht für Checking: Wir fragen nach, ob der Nutzen auch als solcher gesehen wird.

Hier eine komplette MNC-Schleife eines IT-Beraters, der bei einem Kunden ohne großes IT-Know-how argumentiert:

Merkmal: »Dieser Server hat eine eigene Notstromeinheit.«

Nutzen: »Das heißt für Ihre Firma, dass bei einem Stromausfall alle Daten erhalten bleiben.«

Checking: »Was halten Sie davon?«

Eine unglaublich wirkungsvolle Methode, die wir elegant, einfach und erfolgreich im Rahmen unserer Argumentation einbauen können.

Verknüpfen Sie immer Nutzen mit Merkmal. Wenn Ihnen kein Nutzen einfällt, dann lassen Sie das Argument.

Noch ein Hinweis:

Erinnern wir uns an Kapitel 1: Was passiert, wenn wir uns in der partnerschaftlichen Kommunikation wohl fühlen? Da gibt es Kunden, die sind ganz auf unserer Wellenlänge, das spüren wir sofort. Sie haben bereits ein Merkmal und einen Nutzen gebracht, Ihr Kunde signalisiert, dass er das Argument und seinen Vorteil verstanden hat. Hier können Sie getrost auf die Checkingfrage verzichten. Keine banale Fragerei um des Fragens willen!

Wenn wir allerdings merken, dass das Gespräch zum Monolog verkommt, der Dialog abreißt, dann ist das gerade in der Phase der Argumentation gefährlich. Hier brauchen wir das Checking! Durch kurze offene Fragen holen wir unseren Kunden ins Gespräch:

- »Wie gefällt Ihnen das?«
- »Wie hört sich das für Sie an?«
- »Wie interessant klingt das für Sie?«

Und jetzt wieder der Effektivitätsunterschied:

Der effektive Verkäufer	**Der weniger effektive Verkäufer**
• klärt genau ab (aktives Zuhören), wo beim Kunden der Schuh drückt	• geht vom Standard oder vom eigenen Erleben aus
• checkt vorher, welche Lösungsversuche der Kunde eventuell bereits unternommen hat	• nimmt an, dass er der Erste ist, der dieses Produkt beziehungsweise diese Dienstleistung anbietet
• konzentriert sich auf den Nutzen des Kunden	• erzählt, wie »super« sein Produkt ist
• vergewissert sich durch Fragen (Checkingfragen), ob ein hervorragender Nutzen für den Kunden gegeben ist (MNC®)	• geht davon aus, dass der Kunde beeindruckt ist beziehungsweise sein wird
• vermittelt dem Kunden begeistert – in dessen Sprache –, wie es sein wird, wenn er das neue Produkt oder die neue Leistung erst einmal hat und verwendet	• erzählt davon, warum er selbst das Produkt oder die Leistung schätzt

D. Präsentation

Kompetenz in der Präsentation brauchen wir in drei Bereichen:

1. Für uns selbst
2. Für unser Produkt beziehungsweise unsere Dienstleistung
3. Für unser Unternehmen

Verkaufen heißt auch repräsentieren. Mit unserer Bekleidung, unserem Auftreten vermitteln wir die Corporate Identidy, den Anspruch unseres Unternehmens, wie es von außen gesehen werden will.

Darüber hinaus achten wir als effiziente Verkäufer aber auch auf das Erscheinungsbild des Kunden: Welchen Anspruch im Auftreten und Stil erhebt unser Kunde an sein Umfeld?

Als effiziente Verkäufer haben wir geeignete Visualisierungsmittel für verschiedene Verkaufssituationen vorbereitet. Alle notwendigen Unterlagen haben wir beim Kundengespräch dabei und in ansprechender Form aufbereitet. Wir haben uns vor dem Termin vergewissert, worum es dem Kunden geht und wer unsere Gesprächspartner sein werden.

Es macht einen erheblichen Unterschied, ob wir im Vieraugenprinzip arbeiten oder vor einer kleinen Entscheidungsgruppe präsentieren. Unter vier Augen reicht oft schon die gelungene Kommunikation für unseren Erfolg. Wenn Sie vor einer Gruppe von Entscheidungsträgern sitzen – Geschäftsführer, sein Assistent, die Controllerin, der Product Manager, ein Techniker –, dann reicht die gelungene Kommunikation keinesfalls. Da brauchen wir schon eine verkaufspsychologisch richtig aufgebaute Verkaufspräsentation. Damit werden wir uns in Kapitel 3 noch ausführlich beschäftigen. Ist obige Gruppensituation für Sie die Norm, dann empfehle ich Ihnen dringend das Buch »Verkaufspräsentationen« von meinem Kollegen Emil Hierhold.

Jetzt noch einmal das Wichtigste zusammengefasst:

Wie präsentiere ich mich?
Wir wählen Kleidung und Auftreten kundenadäquat: Zum Zillertaler Gastwirt gehen wir nicht mit Nadelstreif und zum Finanzvorstand von Daimler-Benz nicht mit Jeans und T-Shirt!

Wie präsentiere ich mein Produkt?
Nehmen wir es, wann immer das möglich ist, mit und lassen es unseren Kunden im wahrsten Sinne des Wortes »begreifen«. Wenn wir in der Autozulieferindustrie tätig sind und Ledersitze verkaufen, ist das einfach. Was machen wir aber mit Dienstleistungen? Dienstleistungen holen wir in die Realität, das heißt, wir beschreiben sie blumig, lustvoll und bunt auf edlem Papier! Jedenfalls schleppen wir uns für unsere Kunden ab – nichts stört den Verkaufsdialog mehr, als wenn wir im Gespräch dem Kunden sagen müssen, dass wir das Muster schnell einmal aus dem Auto holen!

Wie präsentiere ich mein Unternehmen?
Je nach Art und Größe haben wir eine Imagebroschüre, eine CD oder DVD. Wenn nicht, so ist das auch kein Malheur. Tolle Hochglanz-Broschüren und Filme über unser Unternehmen lenken oft von unserem eigentlichen Ziel ab, nämlich uns ganz auf den Kunden zu konzentrieren. Es ist jedoch schon wichtig, sich zu überlegen, was der Kunde über uns denken soll, wenn wir uns verabschiedet haben.

Hier wieder unser Vorschlag zur Effektivität:

Der effektive Verkäufer	Der weniger effektive Verkäufer
• Bekleidungsstil passt zur Persönlichkeit, zum Unternehmen und zum Kunden	• overdressed oder underdressed (zu elegant/aufgedonnert oder zu einfach/schlicht/schlampig)
• hat alle Unterlagen in ansprechender Form dabei	• Prospekt im Auto oder Büro vergessen, nachlässige oder veraltete Verkaufsunterlagen
• verwendet geeignete, der Situation angepasste Hilfsmittel: Verkaufspräsentationsmappen, Prospekte, Tisch-Flipcharts, Notebookpräsentationen etc.	• verwendet ungeeignete oder gar kein Hilfsmittel
• führt geschickt Medienwechsel durch	• setzt Medien nicht kundenadäquat ein
• kann auch mehrere Gesprächspartner mit einbeziehen (Blickkontakt!)	• konzentriert sich zu sehr auf eine Person innerhalb einer Gruppe, andere bleiben unbetrachtet und damit unbeachtet!

E. Preisverhandlung

Hier zeigt sich, wie gut wir unseren Preis »verkaufen« können. Übrigens, die beste Preisverhandlung ist die, die wir nie führen müssen. Dann ist es nämlich im Laufe des Gesprächs gelungen, im Kopf des Kunden ein Wertverständnis herzustellen, welches aus der Sicht des Kunden den Preis völlig rechtfertigt. Es passiert leider aber immer wieder, dass Kunden uns zu einem Zeitpunkt nach dem Preis fragen, wo dieses Wertverständnis einfach noch nicht aufgebaut ist. Wie wir in solchen Fällen professionell vertrösten und wie wir den Preis »sexy« verpacken, wenn wir ihn nennen müssen, besprechen wir noch ausführlich in Kapitel 5 »Welche Rolle spielt der Preis?«. Vorweg sei jedoch schon betont, dass wir in der Preisverhandlung nicht gleich nachgeben müssen, falls wir unter Druck geraten. Es empfiehlt sich allerdings, kleine Zugeständnisse im Talon zu haben, um den Kunden – also vor allem den Einkäufern, mit denen wir es zu tun haben – ein Erfolgserlebnis zu gönnen (Gewinner-Gewinner-Prinzip).

Hier wieder unser Effektivitätsvorschlag:

Der effektive Verkäufer	**Der weniger effektive Verkäufer**
• kennt seine Preise	• vertröstet auf ein späteres Angebot
• baut zuerst ein Wertverständnis auf	• nennt seinen Preis bei der ersten Frage des Kunden
• hat Möglichkeiten vorbereitet, um den Preis zu relativieren (auf kleine Einheiten herunterbrechen, die Zahlungsfrist verlängern etc.)	• lässt den Kunden mit dem Preisproblem alleine
• steht hinter seinem Preis mit allen Sinnen	• signalisiert dem Kunden, dass auch er selbst den Preis hoch findet

Der effektive Verkäufer	Der weniger effektive Verkäufer
• verwendet das Wort »Investition«	• verwendet das Wort »Kosten« beziehungsweise »Preise«
• findet über die Preisverhandlung zum Verkaufsabschluss	• verzettelt sich und verschiebt den Abschluss

F. Abschlussfähigkeit

Als Topverkäufer führen wir durch Fragen und aktives Zuhören über die Nutzenargumentation und Präsentation zum Verkaufsabschluss. Für den Fall, dass ein Verkaufsabschluss (noch) nicht möglich ist, haben wir einen nächsten Schritt vorbereitet, eine Alternative, die uns im Spiel lässt.

Der Topverkäufer erkennt Kaufsignale des Kunden (auch nonverbale) und stellt zur richtigen Zeit die Abschlussfrage. Später werden wir dazu eine Reihe von Beispielen und schlaue Abschlussfragen liefern. Im Kapitel 7 »Die glorreichen sieben Abschlusstechniken« warten auf Sie Methoden und Techniken, wie Sie auch in schwierigen Gesprächssituationen das Heft in der Hand behalten und letztlich den Sack zumachen!

Nun wieder unser Effektivitätsvorschlag:

Der effektive Verkäufer	**Der weniger effektive Verkäufer**
• verhilft durch gezielte Fragetechnik dem Kunden zur richtigen Entscheidung	• stellt die Abschlussfragen zu früh oder, noch schlimmer, gar nicht!
• erkennt Kaufsignale und verstärkt diese gezielt	• übersieht Kaufsignale und/oder stürzt sich auf Einwände
• erkennt, wann der Abschluss möglich ist, und hat auch eine Alternative, einen nächsten Schritt, vorbereitet	• versucht, Druck zu machen, und/oder hat keine Alternative parat
• führt den Kunden durch gezielte Fragen zur Entscheidung	• gibt die Gesprächsführung aus der Hand und lässt sich vom Kunden führen
• macht aus dem »letzten Einwand« einen Abschluss	• zerredet den Abschluss und/oder verzettelt sich mit »übertriebener« Einwandbehandlung

2.3 Kompetenz Nr. 3: Selbst- und Zeitmanagement

Die Zeit ist, wie wir wissen, nicht dehnbar. Zeit ist eine demokratische Einrichtung, wir haben alle gleich viel davon zur Verfügung, egal, ob wir George Bush, Angela Merkel oder armer Schlucker heißen. Es kommt darauf an, was wir damit tun! Das Schöne an professioneller Zeitplanung ist, dass es dafür perfekte Hilfsmittel gibt. Viele verwenden für ihre Planung noch gerne Papier. Das ist keinesfalls schlecht, vielleicht bieten Papierkalendersysteme sogar den besseren Überblick. Oder man verwendet einen PDA (Personal Digital Assistent), auch elektronischer Winzling genannt. Das Schöne daran ist, dass wir mit entsprechender Schnittstellensoftware unsere Kalenderdaten mit Notebook und PC synchronisieren und so immer alle Daten aktuell dabei haben können, wenn wir unterwegs sind. Egal, welches Hilfsmittel wir verwenden, wir müssen schriftlich planen.

- Nur so behalten wir den Überblick.
- Nur so entlasten wir unser Gedächtnis.
- Nur so motivieren wir uns, weil wir Erledigtes abhaken können.
- Nur so fördern wir unsere Konzentration.
- Nur so bleiben wir flexibel, indem wir von einem Medium (Papier) zum anderen (PC) wechseln.

Was Sie beachten müssen:

- Schreiben Sie wirklich alles Wichtige auf: Ihre Termine, alle Tagesaktivitäten, neue und periodisch wiederkehrende Aufgaben, anstehende Telefonate und Korrespondenzen ...
- Schätzen Sie jeweils die Länge der Aktivität, und planen Sie Zeitblöcke, nicht Zeitpunkte.
- Verplanen Sie nur maximal 60 Prozent der Ihnen zur Verfügung stehenden Zeit. Damit bleiben Sie auch für Unvorhergesehenes flexibel – planen Sie also auch Pufferzeiten mit ein.

Die wichtigsten Tipps für Ihre Tagesplanung:

- Zeitblöcke planen und nicht Zeitpunkte!
- Kürzel verwenden (Schreibübungen machen andere)!
- Versehen Sie alle Aufgaben mit Priorität (dazu später)!
- Übertragen Sie am Abend alles Unerledigte auf einen der nächsten Tage!
- Und wenn Sie eine »Aufgabe des Tages« haben – die A-Aufgabe –, dann beginnen Sie damit gleich in der Früh, da sind Sie am leistungsfähigsten.

Wie wichtig es ist, zur richtigen Zeit beim richtigen Kunden zu sein, wissen wir alle.

Hier kommt Ihre exzellente Kundendatenbank ins Spiel: Manuelle Karteien sind veraltet, damit sind wir in der heutigen Zeit nicht mehr konkurrenzfähig. Entweder hat Ihr Unternehmen bereits eine elektronische Kundendatenbank oder ein ausgeklügeltes CRM (Customer Relation Management System), oder, wenn nicht, dann organisieren Sie sich selbst eine elektronische Kundendatei. Die gibt es schon zu wirklich überschaubaren Preisen im einschlägigen Softwarefachhandel.

Klassifizieren Sie Ihre Kunden nach A-, B- oder C-Kategorie. Die Umsatzkurve alleine ist da zu wenig, besser eignet sich das von Ihnen angestrebte Umsatzpotenzial! Wobei allen im Unternehmen klar sein soll, welche Kriterien Sie bei einem A-, B-, oder C-Kunden anwenden.

An dieser Stelle wage ich folgende Prognose: Unternehmen, die ihre Kundendaten nicht digital organisiert haben, wird es in fünf Jahren nicht mehr geben!

Werfen wir einen Blick auf unsere Effektivitätsliste:

Der effektive Verkäufer	Der weniger effektive Verkäufer
• verwendet ein Zeitplanungsinstrument	• verwendet es nicht oder nur als Kalender
• plant alle Termine schriftlich (im Buch mit Bleistift)	• schreibt nicht alles auf und vergisst daher hin und wieder einen Termin
• plant in Zeitblöcken (wie lange wird der Termin voraussichtlich dauern) und plant auch Anfahrts- und Pufferzeiten mit ein	• plant nur den Beginn eines Termins und kommt daher ab und zu ins Schleudern
• schließt jeden Abend die Tagesplanung ab und überträgt Unerledigtes auf einen der nächsten Tage	• blättert oft vor und zurück, weil manche Aufgaben beziehungsweise Aktivitäten noch auf alten Tagesbättern stehen
• plant auch andere Aktivitäten und Aufgaben (wichtige Telefonate und Korrespondenzen) schriftlich	• hat neben dem Zeitplaner auch noch andere Schreibblöcke, Schmierzettel, Spickzettel etc. und verliert gerne den Überblick
• versieht die Aktivitäten jeweils mit Prioritäten und macht die wichtigen Dinge zuerst	• hat keinen Überblick über die Prioritäten und macht »dringende« Dinge zuerst
• notiert sich Ideen, Anregungen etc. immer sofort, wenn sie ihm einfallen, und findet sie dank seines persönlichen Systems auch wieder	• hat keine geeignete Methode für derartige Aufzeichnungen entwickelt und vergisst vieles daher wieder

Und jetzt zur digitalen Kundenorganisation:

Der effektive Verkäufer	Der weniger effektive Verkäufer
• hat aktuelle Aufzeichnungen über die Kunden	• hat keine Zeit für solchen »Verwaltungskram« oder keinen Überblick in den eigenen Aufzeichnungen
• pflegt und wartet seine Kundenaufzeichnungen täglich und hat immer ein aktuelles Bild	• kommt nicht dazu und verschiebt diese Arbeit oft von einem Tag auf den anderen
• teilt seine Kunden nach Potenzial in Prioritäten ein und richtet seine Besuchsplanung danach aus	• fährt eher intuitiv zum Kunden und kümmert sich weniger um die Prioritäten
• kennt auch die privaten Daten seiner Kunden und berücksichtigt diese in seiner Gesprächsvorbereitung	• vergisst oft die privaten Informationen, die er über den Kunden hat, und konzentriert sich ausschließlich »auf das Geschäftliche«
• hat die Kundeninformationen rechtzeitig zur Hand, um eventuelle Gespräche beziehungsweise Besuche vorzubereiten	• geht oft ohne diese Informationen zum Kunden oder in ein Telefonat

Prioritäten

Als Profiverkäufer haben wir klare Ziele für unser Leben, unsere Arbeit und in Bezug auf unsere Kunden. Wer keine Ziele hat, braucht sich nicht zu wundern, wenn er gar nichts erreicht. Trotz der oft unvermeidlichen Hektik gelingt es uns als Topverkäufer, das »Wichtige« vom »Dringenden« zu unterscheiden. Als Profi haben wir uns Kriterien zurechtgelegt, um unsere Aufgaben nach Prioritäten einzuteilen (zum Beispiel A, B, C), und handeln auch danach. Wir halten Termine und Versprechen ein. Wenn sich etwas einmal nicht ausgehen sollte, verständigen wir rechtzeitig die Betroffenen (Kunden, Kollegen und Vorgesetzte) und bieten eine Alternative an.

Äußerst bewährt hat sich das Eisenhower-Prinzip:

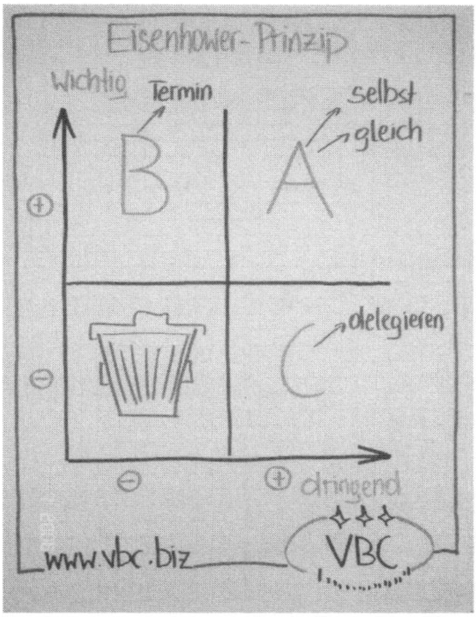

Wie wir sehen, hat General Eisenhower, Präsident der Vereinigten Staaten von 1952 bis 1960, seine Aufgaben in wichtige und dringende unterteilt. Übrigens hat man ihm nachgesagt, dass er genial Prioritäten setzen konnte.

a) Sehr dringend, sehr wichtig:
Das sind unsere A-Aufgaben, von denen Eisenhower sagte, dass man sie gleich machen muss, jedenfalls heute und

immer selbst! A-Aufgaben delegieren wir nicht. Wenn wir gut planen und strikt Prioritäten setzen, werden wir sehen, dass wir gar nicht allzu viele A-Aufgaben haben. Die meisten Dinge, die plötzlich als so wahnsinnig dringend auf uns zukommen, waren einmal wichtig und sind durch die so beliebte »Aufschieberitis« dringend geworden.

b) Wichtige Aufgaben:
Das sind nach dem Eisenhower-Modell die B-Aufgaben. Diese sind wohl wichtig, aber nicht dringend. Wann immer wir eine B-Aufgabe erhalten, überlegen wir, wann wir sie erledigen werden. Mittels unseres Planungsinstruments setzen wir dafür gleich einen Termin, und zwar so rechtzeitig vor dem notwendigen Endtermin, dass wir noch genügend Pufferzeit haben, falls etwas dazwischenkommt.

c) Dringende Aufgaben:
Eisenhower sagt, dass C-Aufgaben nach Möglichkeit delegiert gehören.

d) Nicht wichtig, nicht dringend:
Das sind die »Mistkübel«-Aufgaben. Wenn wir die nicht machen, geht das niemandem ab. Manche Verkäufer berichten mir nach Selbst- und Zeitmanagementtrainings, dass sie alleine mit dieser Erkenntnis 20 bis 30 Prozent weniger tun, ohne dass sich ihre Effizienz reduziert hat.

Hier wieder unser Effektivitätsvorschlag:

Der effektive Verkäufer	Der weniger effektive Verkäufer
• setzt sich klare Ziele	• unterlässt es, realistische Ziele zu setzen
• packt Probleme beherzt an und behandelt schwierige Fragen direkt	• resigniert bei schwierigen Aufgaben

Der effektive Verkäufer	Der weniger effektive Verkäufer
• zeigt eine positive Geisteshaltung und ist überzeugt, dass er erreichen kann, was er sich vornimmt	• wartet, dass man ihm sagt, was zu tun ist
• erzielt nachhaltige Ergebnisse	• lässt sich leicht ablenken und umstimmen
• teilt seine Aufgaben nach Prioritäten ein	• verliert den Überblick und klagt über Arbeitsüberlastung
• ist pünktlich und hält Versprechen ein	• kommt oft zu spät und/oder vergisst Versprochenes
• schafft es, erfolgreich zu sein und trotzdem genug Zeit für Partnerschaft, Familie und Freizeit zu haben	• ist unausgeglichen und jammert über Stress und Überlastung

2.4 Kompetenz Nr. 4: Soziale Intelligenz

Wenn wir als Verkäufer mit jedem zweiten Kunden Konflikte haben, liegt das wohl an uns. Dass wir nicht alle Kunden lieben können und umgekehrt, versteht sich von selbst. Wenn wir also mit zwei bis drei Prozent unserer Kunden nicht so gut auskommen, dann liegt das im grünen Bereich. Sind es mehr, dann müssen wir uns mit uns selbst auseinander setzen.

Beziehungen pflegen

Topverkäufer unterhalten sowohl mit ihren Kunden als auch mit ihren Kollegen und Mitarbeitern eine Beziehung, die sich nicht nur auf das rein Geschäftliche beschränkt. Das heißt, dass sie intensiv auf die Menschen in ihrer Umgebung eingehen und sich mit deren Interessen und Werten auseinander setzen. Das bezieht sich sowohl auf das berufliche Umfeld als auch auf das private.

Topverkäufer wissen dank einer gut geführten Kundendatenbank über die Interessen ihrer Geschäftspartner Bescheid und bleiben auf dem Laufenden. Bei Stammkunden sind auch Geburtstage und berufliche Jubiläen wichtig. Mit der Zeit mag sich sogar ein freundschaftliches Verhältnis entwickeln alles jedoch mit Augenmaß und Fingerspitzengefühl und ohne sich anzubiedern.

Schauen wir uns die Effektivitätsunterschiede an:

Der effektive Verkäufer	Der weniger effektive Verkäufer
• verkehrt mit seinen Kunden teilweise auch privat oder bei gesellschaftlichen Anlässen	• will in seiner Freizeit seine Ruhe haben
• tauscht sich mit Kunden, die gleiche Interessen oder Hobbys haben, regelmäßig darüber aus	• siehe oben
• initiiert oder unterstützt Treffen und Veranstaltungen, bei denen er mit seinen Kunden in entspannter Atmosphäre verkehren kann	• sieht solche Anlässe als lästige Verpflichtung an
• gratuliert seinen Kunden bei wichtigen beruflichen oder persönlichen Erfolgen beziehungsweise Meilensteinen	• hat dafür nicht auch noch Zeit

Der effektive Verkäufer	Der weniger effektive Verkäufer
• bespricht mit seinen Kunden auch Dinge, die nicht unmittelbar mit dem Geschäft zu tun haben (Restaurantempfehlungen, Reisetipps ...)	• siehe oben

Konfliktmanagement

Als Profiverkäufer haben wir auch eine ausgeprägte Fähigkeit zur Bewältigung von Konfliktsituationen. Dabei kann es sich sowohl um Konflikte zwischen seinem Unternehmen und dem Kunden als auch zwischen den Mitarbeitern des Kunden und auch zwischen den Mitarbeitern des eigenen Unternehmens handeln.

Dabei sind wir als Topverkäufer stets möglichst objektiv, um eine für alle Beteiligten vertretbare Lösung zu finden. Wir suchen dabei stets das Verbindende, Gemeinsame herauszuarbeiten und darauf eine Lösung aufzubauen. Wir sehen unsere Rolle als bezahlter Berater unserer Kunden und sind stets bemüht, bei Interessenskonflikten tragfähige Kompromisse zu erzielen.

Hier wieder unser Effektivitätsvorschlag:

Der effektive Verkäufer	Der weniger effektive Verkäufer
• bleibt in Konfliktsituationen ruhig und überlegt	• verliert schnell die Nerven

Der effektive Verkäufer	Der weniger effektive Verkäufer
• versucht zuerst den Sachverhalt und das Problemverständnis der Konfliktparteien herauszufinden	• beginnt sich sofort auf eine Seite zu schlagen und Partei zu ergreifen
• zeigt Verständnis für den Ärger des Kunden, vor allem bei Reklamationen	• ist sofort mit Ausflüchten und Schuldzuweisungen bei der Hand
• versucht zu vermitteln und das Gemeinsame herauszuarbeiten	• schürt den Konflikt durch eigene Interpretationen
• setzt sich persönlich dafür ein, dass vereinbarte Lösungen auch umgesetzt werden	• sieht das nicht als seine Aufgabe an
• geht aktiv und beherzt auf schwierige Situationen ein	• hält sich lieber raus und hofft, dass sich jemand anders um die Sache kümmert

2.5 Kompetenz Nr. 5: Selbstmotivation

Als Topverkäufer sind wir in der Lage, uns selbst zu motivieren. Wir haben dazu unsere eigene Psyche und Gemütsverfassung studiert und wissen, auf welche Weise wir auch größere Durststrecken oder Misserfolge gut verkraften können.

Spitzenverkäufern ist klar: Niederlagen und Enttäuschungen sind unerfreulich, jedoch unvermeidbar!

Übrigens, erfolgreiche Verkäufer hatten im Leben mehr Rückschläge als wenig erfolgreiche, sie lernen allerdings mit diesen Enttäuschungen umzugehen: »Es ist keine Schande hinzufallen, es ist eine Schande, liegen zu bleiben.« Als Spitzenverkäufer sind wir auch bei widrigen Umständen in der Lage, optimistisch und selbstsicher zu sein. Wir haben gute Möglichkeiten für Entspannung und Ausgleich und finden auch genügend Zeit dafür: Partnerschaft, Liebe, Familie, Hobbys, Sport etc.

Hier wieder unser Effektivitätsvorschlag:

Der effektive Verkäufer	**Der weniger effektive Verkäufer**
• findet nach einem Misserfolg seine innere Mitte wieder	• kann sich von Misserfolgen lange nicht erholen und trägt sie ewig mit sich herum
• beginnt den Tag motiviert und freut sich auf seine Arbeit	• ist griesgrämig und wird in der Früh von Partnern und Kollegen gemieden
• hat ein Selbstbelohnungssystem und freut sich über seine Erfolge	• ist zu kritisch mit sich selbst und kann es sich nie wirklich recht machen
• nimmt Misserfolge als Chance zum Lernen wahr	• sieht in Misserfolgen nur das Ärgerliche und Schlechte
• sieht in neuen Herausforderungen auch die Chancen für neue Erkenntnisse	• sieht in erster Linie die Bedrohung für den Status quo

Der effektive Verkäufer	Der weniger effektive Verkäufer
• setzt sich selbst Ziele (schriftlich) und überprüft diese regelmäßig	• Gute Vorsätze halten oft nur sehr kurz

Wir haben nun die fünf wichtigsten Kompetenzen für uns Verkäufer besprochen und wertvolle Hinweise für effektives und weniger effektives Vorgehen erhalten. Damit haben wir für uns selber eine gute »Benchmark« (angestrebter Zustand) gesetzt beziehungsweise als Führungskraft (Verkaufsleiter) handfeste Kompetenzen und Fähigkeiten entwickelt, wie wir unsere Mitarbeiter beurteilen und in ihrer Entwicklung unterstützen und begleiten können.

Die 72-Stunden-Regel mit Praxisfrage

Praxisfrage:
Wie verschaffe ich mir Klarheit über mein Verkäufer-Know-how bezogen auf die wichtigsten fünf Kompetenzbereiche im Verkauf?

Mein erster konkreter Schritt zur erfolgreichen Umsetzung:

Eine Antwort vom Autor auf diese Frage erhalten Sie auch unter www.vbc.biz.

3.

Profis haben ein System – der Verkaufsprozess

3.1 Optionales versus prozesshaftes Vorgehen

Macht ein System im Verkauf Sinn, ja oder nein?
Um diese Frage zu beantworten, möchte ich einen kleinen Ausflug zu unterschiedlichen Verkäuferverhalten machen.

Der optionale Verkäufer

Verkäufer mit ausgeprägt optionalem Vorgehen sind meist sehr gut in der Lage, sich spontan auf unterschiedliche Kunden-Typen und Situationen einzustellen. Optionale Menschen sind generell sehr kreativ und erfinderisch. Sie »erfinden« meist auch ihr Verkaufsgespräch jedes Mal neu.

Der prozessorientierte Verkäufer

Man könnte ihn als das Gegenteil vom optionalen Verkäufer bezeichnen: Er ist nicht ganz so kreativ, nicht ganz so erfinderisch und manchmal auch nicht ganz so flexibel. Er geht Schritt für Schritt vor. Er hat ein System. Sein Verkaufsverhalten ist eingeübt und hundertfach erprobt.

Wer, glauben Sie, ist der erfolgreichere Typ?
Die Praxis zeigt uns, dass prozessorientierte Verkäufer in den Umsatztabellen meist vor den optionalen liegen. Wiewohl generell betrachtet die optionalen Verkäufer natürlich nicht schlecht sind, es kommt eben darauf an.

Warum das so ist, lässt sich am besten mit einem Beispiel aus der Welt des Theaters erklären:

Denken Sie an Ihren letzten Theaterabend, vielleicht die Premiere eines Stücks mit einem umjubelten Star in der Hauptrolle. In der Pause hören Sie sich unter den Gästen um, und der Tenor ist eindeutig: Die Rolle ist diesem Schauspieler wie auf den Leib geschrieben!

Gehen wir ein paar Monate zurück. Möglicherweise hat unser Schauspieler da noch nicht einmal den Theatervertrag in der Tasche gehabt, sicherlich konnte er noch keine Zeile des Stücks auswendig. Was war in der Zwischenzeit passiert? Nachdem er die Rolle angenommen und sich mit dem Inhalt vertraut gemacht hatte, begannen die Proben. Jeden Tag, immer wieder von neuem, übte er die einzelnen Szenen. Ein Schritt vor, ein Schritt zurück, ein Schritt etwas kürzer, etwas länger, etwas dynamischer, etwas schneller … so oder so ähnlich könnten die Anweisungen des Regisseurs gelautet haben. Auch das Sprechtempo, die Stimme, die Modulation, die Lautstärke, der Sprechrhythmus wurden geübt, geübt, geübt, geübt – so lange, bis es bei der Premiere so natürlich und authentisch wirkte, dass man meinen konnte, der Schauspieler wäre in dieser Rolle auf die Welt gekommen – sie war ihm auf den Leib geschrieben (worden). Diese Authentizität, diese selbstverständliche Natürlichkeit, muss auch der Verkäufer vermitteln können, und sie fällt ihm meist nicht als Gottesgeschenk in den Schoß – er muss üben, üben, üben. Wie wir als erwachsene Menschen unser Verhalten verändern können, und zwar so erfolgreich, dass es unser authentisches Verhalten wird, habe ich schon ausführlich in meinem Buch »Spitzenverkaufserfolge« am Beispiel des Lernquadrats besprochen.

Spitzenverkäufer haben ein System!

Schauen wir uns dieses System einmal an:

3.2 Unser Verkaufssystem in Schritten

3.2.1 Einstimmung und Selbstverständnis

Sehen Sie nach, was auf Ihrer Visitenkarte unter Ihrem Namen steht. Wenn dort »Verkäufer« steht, dann gratuliere ich Ihnen! Im Zuge unserer Verkaufsberatertätigkeit stoßen wir auf die kuriosesten Bezeichnungen für unseren Beruf und finden den Begriff »Verkäufer« nur allzu selten. Wenn Sie also eine Visitenkarte haben und unter Ihrem Namen steht alles Mögliche, nur nicht »Verkauf«, dann stelle ich hier die provokante Frage: Wer verkauft denn in Ihrem Unternehmen?

Wieso wir unseren Berufsstand verbergen, hat seinen Grund.

Das Image des Verkäufers

Bei uns in Europa, insbesondere im deutschsprachigen Europa, ist das Image des Verkäuferberufs nicht gerade toll. Es kommt nicht von ungefähr, viele Verkäufer verstehen ganz einfach zu wenig von ihrem Beruf. Wir selber schlüpfen ja auch häufig in die Rolle des Kunden und erleben das dann am eigenen Leib: Kunden sind oft generell gegenüber Verkäufern voreingenommen, und diese haben daher mit ihrer Berufsbezeichnung ein Egoproblem.

In anderen Teilen der Welt ist das übrigens ganz anders. Wenn Sie über den Großen Teich fliegen und in New York zum Beispiel die »Manhattan Post« lesen, dann finden Sie dort ständig Verkäufer-Erfolgsstorys, die alle Leute mit Interesse lesen. Manche Verkäufer investieren sogar in Zeitungsinserate und inserieren dort ihr Provisionseinkommen. Stellen Sie sich einmal vor, welches Echo ein solches Vorgehen in der »Frankfurter Allgemeinen« nach sich ziehen würde. Unvorstellbar! Andere Länder, andere Sitten.

Wir Verkäufer dürfen jedoch unser schlechtes Image nicht beklagen, solange wir selber keine hundertprozentig positive Einstellung zu unserem Berufsbild haben (siehe Visitenkarte). Dazu komme ich aber später noch.

Hier sind ein paar Worte zur Berufsethik angebracht, denn da gibt es einen engen Zusammenhang mit unserem verbesserungswürdigen Image.

Die Ethik im Verkauf

Unsere Aufgabe ist es herauszufinden, was unsere Kunden wirklich brauchen. Damit machen wir uns übrigens unkündbar, denn dafür braucht es einen intelligenten Dialog, und den kann weder eine Maschine noch das Internet.

Und wenn wir bemerken, dass unsere Kunden vom Kauf nicht profitieren, dann empfehlen wir von VBC lieber: »Hände weg!«

Dreimal okay!

1. Ich bin okay.

Wir haben eine positive Einstellung zu uns und unserem Beruf.

2. Du bist okay.

Wir wertschätzen unsere Kunden und agieren partnerschaftlich. Das oft gepriesene »Du König Kunde, ich nur Verkäufer« kann ich nicht teilen. Da stimmt die Balance nicht.

3. Mein Produkt beziehungsweise meine Dienstleistung und meine Firma sind okay.

Wir schätzen die Produkte beziehungsweise Dienstleistungen unseres Unternehmens und haben ein gutes Gefühl, wenn wir an unsere Firma denken.

Können wir auch nur einen dieser drei Faktoren nicht bejahen, sind wir als Verkäufer nicht so erfolgreich, wie wir es sein könnten. Können wir es bei zwei davon nicht, sind wir vermutlich bei der nächsten Rationalisierungswelle weg. Spitzenverkäufer sagen dreimal Ja: zu sich selbst und ihrem Beruf, zu ihren Kunden und zu ihrem Produkt beziehungsweise ihrer Firma.

Wenn Sie sich schon einmal mit der Transaktionsanalyse beschäftigt haben, so sind Ihnen hier gleich Analogien aufgefallen. In der Transaktionsanalyse geht man davon aus, dass vier Grundeinstellungen das Verhalten aller Menschen bestimmen:

1. Ich bin nicht okay – du bist okay.
2. Ich bin nicht okay – du bist nicht okay.
3. Ich bin okay – du bist nicht okay.
4. Ich bin okay – du bist okay!!

Wer sich damit weiter beschäftigen will, liest am besten das Buch von Thomas A. Harris mit dem gleich lautenden Titel »Ich bin o. k. und Du bist o. k.«.

Die 72-Stunden-Regel mit Praxisfragen

Praxisfrage 1:
Wie definiere ich meine persönliche Verkäuferethik?

Mein erster konkreter Schritt zur erfolgreichen Umsetzung:

Praxisfrage 2:
Wie ist meine Einstellung zu meinem Beruf?

Mein erster konkreter Schritt zur erfolgreichen Umsetzung:

Praxisfrage 3:
Wie ist meine Einstellung zu meinem Produkt beziehungsweise meiner Dienstleistung?

Mein erster konkreter Schritt zur erfolgreichen Umsetzung:

Praxisfrage 4:
Wie ist meine Einstellung zu meinen Kunden?

Mein erster konkreter Schritt zur erfolgreichen Umsetzung:

3.2.2 Die Besuchsvorbereitung

Wollen Sie ein paar der zahlreichen Argumente hören, warum Verkäufer sich nicht vorbereiten?

- »Ich bereite mich nicht vor, weil ich mein Geschäft ja sowieso kenne.«
- »Ich bereite mich nicht vor, weil ich dazu keine Zeit habe.«

- »Ich bereite mich nicht vor, weil es eh immer anders kommt, als ich mir denke.«
- »Ich bereite mich nicht vor, weil meine Kunden eh alle irgendwie gleich sind.«
  ...

Was jetzt kommt, ist ein Plädoyer zur professionellen Vorbereitung. Natürlich kann man Stunden darauf verwenden, sich auf einen einzigen Kundenanruf vorzubereiten, das Internet studieren, kleine Markt und Wettbewerbsanalysen durchführen, dann zum Telefonhörer greifen, um festzustellen, dass unser Kunde drei Wochen im Urlaub ist. So also nicht. Was wir aber brauchen, ist eine Mindestvorbereitung auf dem Weg zu unseren Kunden – und wenn es nur zwei Minuten sind!

- Wer ist mein Kunde?
- Wer sind meine Gesprächspartner?
- Welche Verkaufsunterlagen benötige ich?
- Was ist mein Ziel?

In dieser Zeit schalten wir das Mobiltelefon aus und auch das Autoradio, wenn wir im Auto sitzen. Jetzt konzentrieren wir uns darauf, was wir beim folgenden Termin erreichen wollen.

Bei wichtigen Projekten wird das allerdings zu wenig sein. Möglicherweise werden Sie bei entscheidenden Projekten und Schlüsselkunden die Strategie mit Ihrem Verkaufsleiter absprechen. Oder eine verkaufspsychologisch richtig aufgebaute Verkaufspräsentation gemeinsam mit Ihrer Marketingabteilung erarbeiten.

Was wir in jedem Fall brauchen: unser Ziel vor Augen!

Denn wer kein Ziel hat, braucht sich nicht zu wundern, wenn er gar nichts erreicht!

Besuchsvorbereitung zahlt sich aus!

Wir machen uns Gedanken über unsere Gesprächspartner:
- Wer ist oder sind meine Gesprächspartner?
- Welche Funktionen haben sie?
- Wer trifft Entscheidungen?
- Wie werden diese getroffen?
- Welche (privaten) Anknüpfungspunkte habe ich?

Wir planen das Verkaufsgespräch:
- Welche Unterlagen nehme ich mit?
- Wie steige ich in das Gespräch ein?
- Welche Bedarfsfragen stelle ich (dazu später noch ausführlicher)
- Wie werde ich präsentieren beziehungsweise argumentieren?
- Welche Einwände können kommen?

Bevor wir die Räumlichkeiten des Kunden betreten, fixieren wir schriftlich unser Ziel. Nachdem wir Verkäufer keine Verkaufsautomaten sind, wird es natürlich auch passieren, dass wir unser Hauptziel nicht erreichen. Darum formulieren wir auch ein Minimalziel. Also eine alternative Strategie, die wir einsetzen, wenn wir sehen, dass unser Hauptziel heute nicht realisierbar ist.

Hier ein Beispiel dazu:

Als Hauptziel wollen wir heute mit dem unterzeichneten Kundenauftrag heimgehen. Unser Minimalziel könnte sein: Ein schriftliches Angebot auszulösen, mit fixem, mit dem Kunden vereinbarten Nachfasstermin.

Die 72-Stunden-Regel mit Praxisfragen

Praxisfrage 1:
Welche Punkte nehme ich fix in meine Besuchsvorbereitungs-Checkliste auf?

Mein erster konkreter Schritt zur erfolgreichen Umsetzung:

Praxisfrage 2:
Wie formuliere ich mein Hauptziel für meinen nächsten persönlichen Kundenkontakt, und wer ist mein Kunde?

Mein erster konkreter Schritt zur erfolgreichen Umsetzung:

Praxisfrage 3:
Wie wird mein Minimalziel bei diesem Kunden lauten?

Mein erster konkreter Schritt zur erfolgreichen Umsetzung:

3.2.3 Termine verkaufen

Die allermeisten Produkte und Dienstleistungen dieser Welt lassen sich weder über das Telefon noch über das Internet verkaufen. Im Regelfall braucht es dazu einen persönlichen Verkaufstermin.

Viele unserer Kollegen scheitern schon daran!
»Jetzt habe ich ein so tolles Produkt im Programm, gleich nehme ich den Telefonhörer in die Hand und rufe meinen Kunden an. Aber was, wenn er mir absagt? Vielleicht rufe ich besser gleich gar nicht an.«
Was glauben Sie, wie oft es schon in diesem frühen Stadium scheitert!

Und wenn unser Kollege doch anruft, gelingt es vielen Kunden vielleicht wirklich, ihn gleich abzuwimmeln.

Genau deshalb möchte ich nun mit Ihnen die Faktoren für einen erfolgreichen Terminverkauf durchgehen.

Erfolgsfaktor 1

Bevor Sie den Hörer in die Hand nehmen, bringen sie den Vor- und Familiennamen Ihres Kunden in Erfahrung. Sollten Sie zuerst an einen Assistenten gelangen, macht es einen ganz anderen Eindruck, wenn Sie nach Jens Maier fragen als nur nach Herrn Maier.

Erfolgsfaktor 2

Merken Sie sich den Namen des Assistenten, und wenn er ihn nicht selber nennt, fragen Sie danach. Nehmen Sie auch alle diese Daten in Ihre Datenbank auf. Machen Sie den Assistenten Ihres Kunden zu Ihrem Verbündeten. Sozusagen zu Ihrem »Subvertreter« im Büro des Kunden. Sie werden Ihnen sagen, wann Ihr Chef wieder kommt, falls er nicht da ist, werden Ihnen Insiderinformationen geben, und sie werden Ihnen sogar von einem persönlichen Termin abraten, wenn der Chef Distress (negativen Stress) hat.

Erfolgsfaktor 3

»... es geht um einen Termin« – falsch!
Assistentinnen und Assistenten besuchen heutzutage auch Weiterbildungsseminare zum Thema »Wie schirme ich meinen Chef vor anrufenden Menschen ab«. Sie könnten der erste Anrufer nach einem solchen erfolgreich absolvierten Seminar sein, und Sie können sich selbst ausrechnen, wie es weitergeht, wenn Sie nach einem Termin fragen. Sie brauchen intelligente Anknüpfungspunkte!

Erfolgsfaktor 4

Das konkrete Anknüpfen an einen früheren Kontakt in Verbindung mit einer sinnvollen Alternativfrage führt in vielen Fällen zum Erfolg.

Beispiele:

»Ich beziehe mich auf meinen seinerzeitigen Kontakt mit ...«

»... Die Anfrage von Gregor Müller anlässlich der Cebit im Herbst kann jetzt von unserer Seite beantwortet werden. Wann dürfen wir die Lösungsmöglichkeiten präsentieren, noch im April oder besser im Mai?«

Erfolgsfaktor 5

Über gemeinsame Bekannte oder aufgrund einer Empfehlung erfolgreich Termine setzen.

Beispiele:

»Ich beziehe mich auf Gertraud Wichtig ...«

»... Professor Nutzvoll bat mich, mit Gregor Müller Kontakt aufzunehmen, um Projekt XY zu präsentieren. Wann würde es Gregor Müller gut passen, eher Anfang der Woche oder besser erst in der zweiten Wochenhälfte?«

Wenn wir uns auf eine konkrete Person beziehen, dann hat es der Assistent des Kunden natürlich schwer, uns abzusagen. Er würde jetzt nicht nur uns Verkäufern absagen, sondern auch Professor Nutzvoll, und das tut er nicht gern.

Achtung: Bleiben Sie bei der Wahrheit, Lügen haben kurze Beine. Und gerade wenn Sie mit Empfehlungen oder Namen arbeiten, muss alles der Wahrheit entsprechen.

Erfolgsfaktor 6: Zeigen

Wir wollen etwas zeigen!

Außer den wenigen Privilegierten, die bereits mit Videotelefon ausgestattet sind, haben wir am Telefon keine visuelle Beobachtungsmöglichkeit. Wenn Sie im Telefonat von Anfang an signalisieren, dass Sie etwas zeigen oder präsentieren wollen, dann wird der häufige Haupteinwand des Kunden, ob Sie das nicht gleich am Telefon besprechen könnten, wohl ausbleiben.

Die 72-Stunden-Regel mit Praxisfragen

Praxisfrage 1:
Wie verschaffe ich mir die Ressourcen (Zeit und Adressenmaterial), um erfolgreich telefonisch Verkaufstermine zu akquirieren?

Mein erster konkreter Schritt zur erfolgreichen Umsetzung:

Praxisfrage 2:
Welche Erfolgsfaktoren zur telefonischen Terminvereinbarung werde ich ab morgen einsetzen?

Mein erster konkreter Schritt zur erfolgreichen Umsetzung:

3.2.4 Nutzen des Raums

Im Unterschied zu Schauspielern betreten wir viele Bühnen in kurzer Zeit. Auf dem Weg zum positiven Verkaufsabschluss gilt es, die Verkaufsbühne beim Kunden optimal zu nützen. Wir haben niemals die zweite Chance für den ersten guten Eindruck. Die für den jeweiligen Kunden adäquate Kleidung haben wir schon an. Jetzt kann es losgehen.

Unsere Gesprächsposition

Wir achten darauf, dass wir unseren Kunden nicht frontal gegenüberstehen oder -sitzen. Besser ist es im rechten Winkel.

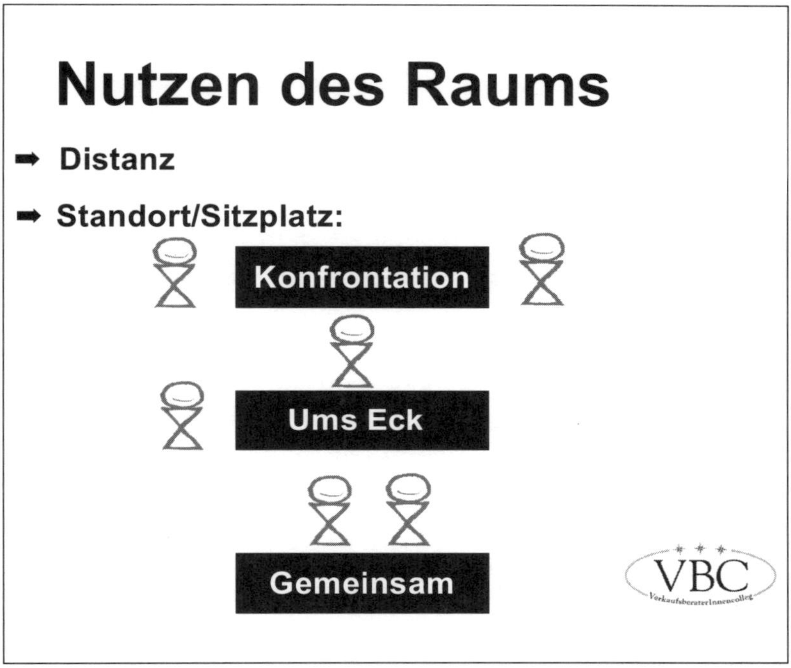

Wenn wir den Winkel zwischen unserem Kunden und uns um 90 Grad öffnen, hat er die Möglichkeit zum Blickkontakt mit uns, jedoch auch in den Raum zu blicken. Das ist vor allem beim Erstkontakt wichtig.

Wir achten auf die richtige Entfernung. Eine Armlänge Abstand ist immer richtig. Im Laufe des Gesprächs kann sich der Abstand verringern. Möglicherweise verändert sich dann auch unsere Steh- oder Sitzposition. Wir kommen uns näher. Manchmal enden Gespräche Schulter an Schulter, und wir betrachten unser Angebot gemeinsam. Wir klären gleich am Anfang, ob wir unsere Schreibunterlagen (Block, Kugelschreiber) auf den Schreibtisch unseres Kunden legen dürfen. Es ist einfach unangenehm, wenn wir mitten im Gespräch eine

Zeit lang in unserem Pilotenkoffer verschwinden, um diese Dinge hervorzukramen. Ein echter Rapportbruch. (Beziehung unterbrechen)

Je hochrangiger unsere Gesprächspartner sind, desto öfter haben sie ihren angestammten Platz im Raum. Wir achten in Besprechungsräumen besonders darauf, dass wir nie irrtümlich den Stammplatz unseres Kunden einnehmen.

Es ist daher wichtig, dass wir rechtzeitig da sind, um das alles herauszufinden. Bei Gesprächen im Vieraugenprinzip genügen fünf Minuten, bei Präsentationen vor einer Gruppe von Entscheidungsträgern brauchen wir mindestens 20 Minuten, besser 30. Die liebe Assistentin, die uns in den Raum führt, informiert uns darüber. Wenn Sie eine Datenprojektorpräsentation geplant haben, achten Sie auch auf die Lichtverhältnisse. Wenn durch die großen Bürofenster die Sonne hereinstrahlt, bekommen wir möglicherweise auch mit leistungsstarken Geräten unsere Schwierigkeiten.

Mobiltelefon ausschalten! Wir müssen unsere Wichtigkeit nicht dadurch signalisieren, dass wir ständig erreichbar sind. Profis verwenden ihr Mobiltelefon aktiv, nicht passiv. Sie sind nicht der Getriebene, der permanent erreichbar ist, sondern sie lassen ihre Mailbox für sich arbeiten und hören diese nur mehrfach täglich ab, um dann aktiv und vorbereitet ihre Rückrufe zu tätigen.

Die 72-Stunden-Regel mit Praxisfragen

Praxisfrage 1:
Wie kleide ich mich richtig, insbesondere, wenn ich mehrere Verkaufstermine bei unterschiedlichen Kunden habe?

Mein erster konkreter Schritt zur erfolgreichen Umsetzung:

Praxisfrage 2:
Was bedenke ich in den Büros meiner Kunden, um einen optimalen Gesprächseinstieg zu erzielen?

Mein erster konkreter Schritt zur erfolgreichen Umsetzung:

3.2.5 Ein Wohlfühlklima aufbauen, eine Beziehung schaffen

Stellen wir uns vor, wir haben gerade ein Motivationsseminar absolviert und sprechen gut gelaunt und bis unter die Haarwurzeln motiviert bei unserem Kunden vor. Unser Kunde kommt gerade aus einer Vorstandssitzung und hat erfahren, dass nächstes Jahr 30 Prozent Budget eingespart werden muss und einige Mitarbeiter ihren Arbeitsplatz verlieren werden, unter anderem seine hoch geschätzte Sekretärin. Da ist von Rapport weit und breit keine Spur.

Der aufmerksame und sensitive Verkäufer merkt sofort, in welcher Stimmungslage sich sein Kunde befindet, und gleicht sich an. Am besten machen wir das mit ein bisschen Smalltalk.

Als Verkäufer müssen wir uns aufwärmen wie ein Sportler. Genauso wie ein 100-Meter-Läufer Zeit aufwendet, um seine Muskulatur auf Betriebstemperatur zu bringen, benötigen wir Zeit, um mit unserem Kunden auf die gleiche Wellenlänge zu gelangen.

Was wir beim Business-Smalltalk beachten:

- **Neuigkeiten:**

Neuigkeiten sind immer gut, wenn sie positiv besetzt sind. Eine Krise im Nahen Osten oder die herannahende Grippewelle sind zwar Neuigkeiten, jedoch nicht besonders positiv besetzt und nicht in der Lage, gute Stimmung zu machen.
Solche Themen sparen wir aus. Positiv besetzt ist der Themenbereich Familie (Vorsicht, falls der Kunde gerade eine Scheidung durchmacht), Kinder, Sport (Achtung: Motorsport ist nicht in allen Köpfen positiv), Liebe, Freizeit, Urlaub. Ein

»Bi-turbo« im Beziehungsaufbau sind die Interessen des Kunden. Es zählt daher zu unserer Vorbereitung in unserer Kundendatenbank, nachzusehen, welchen Hobbys und Interessen unser Kunde in seiner Freizeit nachgeht. Beim Erstkontakt haben wir es herausgefunden.

- **Nettigkeiten:**

Wir sind charmant. Entdecken wir bei unserem Kunden angenehme Dinge, dann sagen wir sie ihm auch.
Nur Mut, ihr Kunde wird sich freuen, und es wirkt.
Wieder sehen wir, wie wichtig es ist, die richtigen Informationen in unserer Datenbank oder in unserem CRM-System gespeichert zu haben.

Und was interessiert ihn am meisten? Sein Geschäft – und davon reden wir gern.

Die 72-Stunden-Regel mit Praxisfragen

Praxisfrage 1:
Welche Gesprächsthemen eignen sich für einen positiven Gesprächseinstieg besonders?

Mein erster konkreter Schritt zur erfolgreichen Umsetzung:

Praxisfrage 2:
Was gilt im Verkauf landläufig als Beziehungsturbo?

Mein erster konkreter Schritt zur erfolgreichen Umsetzung:

3.2.6 Die Bedarfserhebung

Es gibt wohl kein europäisches und kein amerikanisches Verkaufsbuch, in dem die Phase der Bedarfserhebung nicht ausführlich behandelt wäre.
Es ist daher erstaunlich, dass nirgends im Verkauf die Differenz zwischen Kennen und Können so groß ist wie in diesem Bereich.
Um wie viel mehr Geschäft würden so viele Kollegen von uns machen, würden sie die Regeln einer sauberen Bedarfserhebung beherrschen!

Wir sind gut vorbereitet, haben den Raum beim Kunden optimal genutzt und perfekten Smalltalk betrieben. Wie leiten wir jetzt zur Bedarfserhebung über?

Hier ein gutes Beispiel:

Verkäufer: »Lieber Kunde, wie viel Zeit haben wir denn heute?«
Kunde schaut auf die Uhr und sagt: »Noch 45 Minuten, also bis drei Uhr.«

Verkäufer: »Um Ihre Zeit optimal zu nützen, möchte ich Ihnen einige Fragen stellen, damit ich Ihnen dann in meiner Präsentation genau die Punkte sagen kann, die für Sie besonders wichtig sind. Ist das okay für Sie?«

So und jetzt starten Sie Ihre Bedarfserhebung, und Sie haben Ihrem Kunden plausibel gemacht, warum Sie jetzt Fragen stellen werden.

Sollte Ihr Kunde nur noch zehn oder fünfzehn Minuten Zeit haben und Sie wissen allerdings, dass Sie für Ihre Botschaft noch 45 Minuten brauchen, dann vereinbaren Sie lieber einen neuen Termin. Was machen wir aber jetzt mit den verbleibenden Minuten? Richtig, wir stellen Fragen und holen uns die Informationen, die wir für unser nächsten Treffen brauchen. Damit wir die richtigen Bedarfserhebungsfragen stellen können, haben wir einen Fragenkatalog vorbereitet. Keine Sorge, kein Kunde findet das »peinlich«, ganz im Gegenteil, wir werden als Profis gesehen.

In den meisten Branchen ist es wichtig, zwei unterschiedliche Fragenkataloge zu erarbeiten.
Einerseits benötigen wir den **grundsätzlichen** Fragenkatalog. Hier ein Beispiel für einen grundsätzlichen Fragenkatalog für einen Autoverkäufer:

- »Benötigen Sie das Auto beruflich oder privat?«
- »Wenn beruflich, wird das ein Firmenauto, oder fahren Sie auf Kilometergeld?«
- »Wie groß ist Ihre Familie? Wie viel Platz benötigen sie?«
- »Haben Sie schon die Entscheidung zwischen Limousine und Kombi getroffen?«
- »Wie stehen Sie zur Motorisierung: Benziner oder Diesel?«
- »Wie viel Kilometer fahren Sie pro Jahr?«

- »Welches Auto fahren Sie derzeit?«
- »Wollen Sie Ihr altes Fahrzeug eintauschen?«
- »Was ist Ihnen bei Ihrem neuen Auto besonders wichtig?«
- »Haben Sie schon eine konkrete Modellvorstellung?«
- »Wann brauchen Sie Ihr neues Auto genau?«

Erstellen Sie nun Ihren eigenen **grundsätzlichen** Fragenkatalog:

(mindestens zehn Fragen, bitte mehrheitlich offene Fragen)

Andererseits benötigen wir den **speziellen** Fragenkatalog:

Wenn wir unsere grundsätzlichen Bedarfsfragen allesamt geklärt haben, können wir uns nun auf das spezielle Produkt beziehungsweise die spezielle Dienstleistung konzentrieren. Jetzt wird es etwas komplexer. Profis haben für alle ihre wichtigen Produkte oder Dienstleistungen einen eigenen Fragenkatalog.

Hier ein Beispiel eines speziellen Fragenkatalogs des Autoverkäufers.

Spezielle Fragen zu Modell X:

- »Welche Motorisierung haben Sie sich vorgestellt, 90, 120 oder 160 PS?«
- »Was für ein Interieur – Stoff oder Ledersitze?«
- »Mögen Sie das Mininavigationssystem oder die große Version mit der Straßenkarte am Bildschirm?«
- »Haben Sie sich schon mit dem Sicherheitskonzept des Fahrzeugs auseinander gesetzt?«
- »Wünschen Sie sich die Alufelgenausführung?«
- »Wird es ein Automatikgetriebe oder ein schaltungsbetriebenes Fahrzeug?«
- »Welche Farbe spricht Sie am allermeisten an«?

Erstellen Sie nun Ihren eigenen **speziellen** Fragenkatalog:

(mindestens sieben Fragen, bitte mehrheitlich »offene Fragen«)

Je sauberer Sie die Bedarfserhebung durchführen, umso erfolgreicher wird Ihr Verkaufsgespräch ablaufen. Ich gehe sogar so weit zu behaupten: Je länger Ihre Bedarfserhebung dauert, umso eher werden Sie Ihr Geschäft abschließen!

Das wichtigste Verkäuferwerkzeug in dieser Phase sind die richtigen Fragen. Darum hier die wichtigsten vier Fragearten:

1. **Geschlossene Fragen:** Unsere Kunden antworten meist nur mit Ja oder Nein. Daher sind sie schlecht geeignet für die Bedarfserhebung, da wollen wir ja viel Information!
2. **Offene Fragen:** Unsere Kunden müssen frei formulieren. Offene Fragen sind Fragen, die meist mit »W« beginnen.
   Was ist Ihnen dabei am wichtigsten?
   Wie laufen die Entscheidungswege in Ihrem Haus?
   Wann möchten Sie X in Betrieb nehmen?
   etc.
   Natürlich ausgezeichnet geeignet für die Bedarfserhebung!
3. **Alternative Fragen:** Wollen Sie die Lieferung noch diese Woche, oder reicht nächste Woche?
   Wir geben unserem Kunden also zwei Alternativen, zwischen denen er entscheiden kann.
4. **Rückkoppelungsfragen:** sind ein mächtiges Instrument aus dem aktiven Zuhören – wir haben das schon in Kapitel 1 besprochen.
   »Wenn ich Sie richtig verstehe, sagten Sie …«
   Wiederholen Sie inhaltlich das vorher vom Kunden Gesagte.

Mehr zum Thema »Fragen stellen« lesen Sie auch im Buch meines Kollegen Heinz Feldman »Trotz Fehlern in den Verkaufsolymp«.

Wie kratzen wir nun die Kurve zur Produktpräsentation? Die beste Möglichkeit ist eine kurze Zusammenfassung dessen, was wir in der Bedarfserhebung gerade gehört haben.

Hier wieder unser Autoverkäufer:

Wenn ich kurz zusammenfassen darf:
- Es geht um das Modell X.
- In der Benzinversion 120 PS.
- Als Innenausstattung möchten Sie Leder.
- Und Sie möchten das neue Auto jedenfalls noch vor Ostern.

Was wird jetzt passieren?
Entweder wird Ihr Kunde auf Missverständnisse aufmerksam machen – das ist gerade jetzt besonders wichtig, sonst verfolgen wir in der Präsentation möglicherweise eine falsche Strategie.
In den meisten Fällen wird Ihr Kunde die Punkte, die Sie wiederholen, bestätigen.

Wenn Sie das gleich morgen ausprobieren, werden sie Folgendes erleben: Ihr Kunde wird, während Sie die Punkte wiederholen, wohlwollend mit dem Kopf nicken und möglicherweise immer wieder seine Zustimmung verbal kundtun. Eine wunderbare Möglichkeit, Ihren Kunden jetzt auf die »Ja-Straße« zu holen!

Kunden, die während des Gesprächs oftmals positiv zustimmen, werden Ihnen später auf die alles entscheidende Frage, ob Sie mit Ihrem Produkt oder Ihrer Dienstleistung einverstanden sind, auch eher mit einem Ja als einem Nein begegnen.

Die 72-Stunden-Regel mit Praxisfragen

Praxisfrage 1:
Wie leite ich am besten vom Smalltalk zur Bedarfserhebung über?

Mein erster konkreter Schritt zur erfolgreichen Umsetzung:

Praxisfrage 2:
Wie lange darf die Bedarfserhebung dauern?

Mein erster konkreter Schritt zur erfolgreichen Umsetzung:

Praxisfrage 3:
Welche Fragearten müssen wir beherrschen?

Mein erster konkreter Schritt zur erfolgreichen Umsetzung:

Praxisfrage 4:
Wie leite ich professionell zur Präsentationsphase über?

Mein erster konkreter Schritt zur erfolgreichen Umsetzung:

3.2.7 Die Präsentation

Kurz – knapp – knackig: Das fällt uns sendungsbewussten und eloquenten Verkäufern natürlich schwer. Aber jetzt kommt unsere große Zeit – und trotzdem sollten wir uns kurz halten.

Jetzt erzählen wir unseren Kunden nur, was ihn interessiert – das wissen wir ja jetzt.

Jedem Argument beziehungsweise Merkmal fügen wir den Kundennutzen hinzu. Bei weniger redefreudigen Kunden checken wir das dann auch noch. Die MNC-Methode kennen wir ja schon.

Besonders geübte Verkäufer achten auf die Motivorientierung und haben in der Bedarfserhebung längst herausgefunden, aus welchen Motiven heraus seine Kunden entscheiden werden.

Wir achten darauf, keine Überinformationen zu geben, damit verwirren wir unsere Kunden und manchmal sind sie auch echt kontraproduktiv.

Dazu möchte ich Ihnen folgendes Beispiel liefern:

Heike Umstand aus Bonn ist gerade das dritte Mal schwanger. Nun muss Sie ihr Auto in ein Großraumfahrzeug tauschen. Sie ruft ihre Schwester, die in Los Angeles lebt, an und fragt sie nach ihren Erfahrungen mit dem Grand Van. Ihre Schwester erzählt ihr aufgeregt, dass sie gestern am Parkplatz vor Macy's einen Parkschaden fabriziert hat, der irrtümlich das Beifahrerairbag ausgelöst hat. Am Beifahrersitz saß Patricia, die eineinhalbjährige Tochter. Sie wurde vom Airbag zurückgeschleudert, es besteht der Verdacht eines Peitschenschlagsyndroms, und sie trägt eine Halskrause.

Mit dieser Information im Kopf geht Frau Umstand zum nächsten Vanhändler und fragt nach dem Modell Grand. Der Verkäufer, gerade aus einem Verkaufskurs kommend, bei dem er anscheinend lernte, wie bedeutend das Motiv

Sicherheit für praktisch alle Menschen ist (was so nicht stimmt), führt Frau Umstand zum Modell Grand, erklärt ihr das Fahrzeug mit all seinen Vorzügen, und schon beginnt er mit der Aufzählung der Sicherheitsaspekte:

»Selbstverständlich hat das neue Modell ABS. Wenn Sie in den Winterurlaub fahren und auf Schneefahrbahn kommen, bleibt Ihr Fahrzeug auch während der Bremsphase lenkbar. Und dann die vielen neuen Airbags: ein Airbag in der Fahrertür, ein Airbag im Lenkrad, ein Airbag ganz neu vom Himmel des Autos kommend, ein Airbag in der Beifahrertür und selbstverständlich ein Airbag für den Beifahrer in der Höhe des Handschuhfaches.«

Au weh! Wissen Sie, was in Heike Umstand vorgegangen ist? Richtig, jetzt hat sie die kleine Patricia vor Augen mit blassem Gesicht und mit Halskrause.

Was war passiert?
Statt »gefragt« hat der Autoverkäufer »gesagt«. Selbst ein gutes Argument passt nicht immer.

Verkaufen ist kein Glücksspiel

Was wäre denn geschehen, hätte unser Autoverkäufer gefragt, ob sich Frau Umstand schon mit den Sicherheitsaspekten des neuen Grand Van auseinander gesetzt hat? Vermutlich hätte sie die Geschichte von Patricia erzählt.

Was hätte unser Autoverkäufer dann tun können?

»Das tut mir aber Leid, liebe Frau Umstand, da machen Sie sich jetzt sicher Sorgen um die Kleine. Sehen Sie, bei der

Europaversion vom Grand Van haben Sie die Möglichkeit, den Airbag am Beifahrersitz auszuschalten, wann immer Sie eines Ihrer Kinder am Beifahrersitz unterbringen.« Und er zeigt dabei den entsprechenden Knopf.

Das Argument ist das gleiche geblieben: Sicherheitsaspekt Airbag – und so ist es auch wirksam. Es kommt darauf an, wie wir Verkäufer es einsetzen. Einmal war es ein Schuss ins eigene Knie und das andere Mal ein mächtiges Argument im Kopf des Kunden.

Sie haben die Wahl.

Wie wir sehen, können viele Argumente nicht nur Überinformation, sondern in manchen Fällen sogar Fehlinformation bedeuten. Im Kopf des Kunden mag ein gutes Argument negativ besetzt sein, und schon befinden wir uns in der Sackgasse.

Wie gehen wir denn mit den vielen Fachausdrücken wie ESB, ABS, ERS, Common Rail, HDI, GTI ... um.

Wir sprechen kundisch!

Vermeiden Sie Fachchinesisch, und wenn schon Fachsprache, dann erklären Sie diese, wenn Sie dem Kunden die Vorteile schildern.

Hier ein paar Beispiele:

ABS: Dieses automatische Bremssystem verhindert das Blockieren der Räder auf glatter Fahrbahn. Ihr Fahrzeug bleibt lenkbar, Sie bleiben Herr der Lage und können etwaige Hindernisse aussteuern.

ESB: Das jeweils durchdrehende Antriebsrad auf glatter Fahrbahn wird automatisch gebremst. Damit verhindern Sie gefährliches Schleudern und halten Ihr Fahrzeug sicher auf der Straße.

Verkaufen heißt also nicht nur präsentieren, sondern richtig präsentieren. Hier sind die allerwichtigsten Präsentationsregeln:

- Wir gehen auf den Nutzen unserer Kunden ein.
- Wenn wir Kaufmotive beim Kunden heraushören, sprechen wir diese an.
- Keine Überinformationen.
- Kein Fachchinesisch – wir sprechen kundisch.
- Wir achten auf eine professionelle Präsentationstechnik, visualisieren alles, was wir anbieten, und führen den Blick unseres Kunden durch Hinzeigen.

Die 72-Stunden-Regel mit Praxisfragen

Praxisfrage 1:
Welche Phase im Verkaufsprozess dauert deutlich länger, die Bedarfserhebung oder die Präsentationsphase?

Mein erster konkreter Schritt zur erfolgreichen Umsetzung:

Praxisfrage 2:
Welche Erfolgsfaktoren im Rahmen der Verkaufspräsentation werde ich ab morgen verwenden?

Mein erster konkreter Schritt zur erfolgreichen Umsetzung:

Praxisfrage 3:
Wie vermeide ich Fehl- oder Überinformationen?

Mein erster konkreter Schritt zur erfolgreichen Umsetzung:

3.2.8 Einwand – Vorwand

Zuerst zu den Begriffen nach VBC-Definition:

Einwände sind kritische Aussagen, kritische Aspekte unserer Kunden, die wir als Verkäufer auflösen müssen, andernfalls machen wir kein Geschäft.

Vorwände sind kritische Aussagen, kritische Aspekte unserer Kunden, die den Verkaufserfolg nicht verhindern. Meist steckt etwas ganz anderes dahinter.

Ein Einwand-Beispiel:
Professor Jan Neuhaus hat nach zweijähriger Bauzeit seine Traumvilla endlich fertig gestellt. Die Hanglage ließ trotz architektonischer Tricks eine Garagengesamtlänge von maximal fünf Metern zu. Herr Neuhaus lässt sich gerade seine neue Luxuskarosse präsentieren. Der Verkäufer präsentiert ihm alle technischen Finessen und Feinheiten. Nun kommt er zu den Ausmaßen: Das Auto misst 5,11 Meter. Professor Neuhaus wendet ein, dass seine Garage eben nur für fünf Meter lange Autos geeignet sei.

Hier ein Beispiel für einen Vorwand:
Janosch Haas lässt sich in einer noblen Herrenmodenboutique neue Anzüge präsentieren. Ein dunkelgraues Modell gefällt ihm besonders gut. Auch die Verkäuferin macht feine Komplimente. Als Janosch in der Garderobe die Anzughose auszieht, fällt ihm das Preisschild heraus. Auf dem steht € 839, Janosch hat sich ein Limit von 500 Euro gesetzt. Er bedankt sich bei der Verkäuferin für die nette Beratung und sagt, er hätte schon einige dunkelgraue Anzüge zu Hause und wolle sich das jetzt noch einmal überlegen. Er grüßt freundlich und verlässt das Geschäft.

Ein klassischer Vorwand.

Klar, wenn unsere Verkäuferin den Vorwand erkannt und den wahren Grund – das Budget – herausgefunden hätte, dann wäre die Chance groß gewesen, dass Janosch bei einem preisgünstigeren Modell zugegriffen hätte.

Ich verrate Ihnen nun eine Technik, die Ihnen in wenigen Sekunden absolute Klarheit darüber verschaffen kann, ob Ihr Kunde einen Einwand – also ein echtes Verkaufshindernis – oder einen Vorwand (»da steckt etwas ganz anderes dahinter!«) bringt. Schauen wir uns davor aber noch das klassische Vorgehen eines Verkäuferkollegen an:

Ein junger Mann betritt ein Telekommunikationsgeschäft und trifft dort auf Verkäufer Martin Schlau.

Kunde: »Ich habe in der Auslage das Modell Mobil X11 gesehen. Es gefällt mir gut. Ich glaube nur, dass mir die Telefontasten zu klein sind, ich habe so große Hände.

Martin Schlau: »Ja sicher sind die Tasten klein, aber sie lassen sich trotzdem leicht bedienen. Wären die Tasten größer, wäre auch das Handy größer, und das wollen Sie ja nicht, oder?«

Kunde: »Ich finde die Tasten aber trotzdem zu klein.«

Martin Schlau: »Ja, aber ...«

Diese Beharrlichkeit führt in den meisten Fällen nicht zum Ziel. Sie führt zu einer kritischen Gesprächssituation, die wir uns ersparen können.

Wie geht es anders?

Kunde: »Ich habe in der Auslage das Mobil X11 gesehen, es gefällt mir grundsätzlich gut, nur die Tasten sind zu klein.«

Martin Schlau: »Verstehe, Sie sagen, das Handy gefällt Ihnen grundsätzlich gut, nur die Tasten sind zu klein. Wie gefällt Ihnen denn das übersichtliche Farbdisplay?«

Kunde: »Das gefällt mir gut, da kann man ja echt was drauf erkennen.«

Martin Schlau: »Wie wichtig ist für Sie die Blue-Tooth-Verbindung mit der kabellosen Möglichkeit, einerseits zu Ihrem Computer und andererseits zu einem Kopfhörer zu verbinden?«

Kunde: »Beides ist wichtig, einerseits möchte ich mit dem Notebook über das Handy ins Internet, und andererseits telefoniere ich sehr viel mit Kopfhörer, und da sind die lästigen Kabel insbesondere im Auto hinderlich.«

Martin Schlau: Verstehe, Ihr neues Mobiltelefon soll also einen großen Bildschirm haben, eine Blue-Tooth-Funktion zur Datenübertragung mit Ihrem Computer und Kopfhörer wie unser Mobil X11. Benötigen Sie auch eine Handytasche dazu?«

Kunde: »Ja.«

Martin Schlau: »Fein! Ab wann sollen wir das Gerät für sie freischalten?«

Kunde: »So rasch wie möglich«.

Martin Schlau: »Fein, dann schreibe ich Ihnen mal alles zusammen und gratuliere Ihnen jetzt schon zu Ihrer Entscheidung!«

Was ist passiert?

Unser Kunde brachte einen Einwand: kleine Tasten!
Martin Schlau hat nie für oder gegen die kleinen Handy-

tasten argumentiert. Ganz im Gegenteil, er hörte aktiv zu, zeigte Verständnis für die Bedenken des Kunden und wiederholte sogar dessen Aussagen. Als Nächstes stellte Martin Schlau nutzenorientierte Fragen und schickte das Hirn des Kunden sozusagen auf die Reise.
Übrigens wären die Mobiltelefontasten für den Kunden tatsächlich zu klein gewesen, dann wäre er mit seinem Einwand wieder gekommen, davon können wir grundsätzlich ausgehen. Dann wäre es ein echter Einwand gewesen.

Hier nun die versprochene Technik strukturiert:

1. Wir nehmen den Einwand beziehungsweise Vorwand (zu dem Zeitpunkt wissen wir es ja noch nicht) des Kunden an und akzeptieren, dass unser Kunde eine andere Sichtweise hat.
2. Wir wiederholen diese Kundenaussagen, ohne dabei zu werten und ohne dabei zu interpretieren. Das ist übrigens keine Zustimmung!
   Tipp: Handelt es sich um einen gewollt unfairen Einwand, der uns ärgern könnte, setzen wir vor die Wiederholung noch die Worte: »Sie sagen …« Damit haben wir uns gut abgegrenzt.
3. Nun stellen wir eine nutzenorientierte Frage zu einem anderen Punkt.
   Woher kennen wir den größten Nutzen des Kunden? Natürlich aus der Bedarfserhebung!

Diese Technik hat einen Namen: Auspendeln!
Stellen Sie sich das Pendel vor – es steht im Lot. Kunde bringt einen Einwand – das Pendel schlägt aus. Wenn wir jetzt gegen diesen Einwand argumentieren, ist die Gefahr groß, dass auch das Gespräch kippt. Wir akzeptieren den Einwand – das Pendel richtet sich wieder aus. Nun stellen

wir eine nutzenorientierte Frage und senden das Gehirn unseres Kunden auf die Reise – auf eine positiv besetzte! Kommt unser Kunde jetzt mit demselben Einwand wieder, müssen wir davon ausgehen, dass es ein echter Einwand war. Wenn nicht, war es mit ziemlicher Sicherheit ein Vorwand. Wir setzen das Gespräch fort und schließen ab.

VBC-Studien zeigen, dass 70 Prozent der Einwände, die Verkäufer in dieser Art behandeln (auspendeln), sich letztlich als Vorwand herausstellen. Stellen Sie sich vor, wie viel Zeit und Energie Verkäufer-Kollegen aufwenden, um gegen kritische Aspekte und Einwände von Kunden zu argumentieren, die eigentlich gar nicht kaufhinderlich sind.

Hier nochmals in Kurzform:

1. Einwand hören und akzeptieren
2. Aussage wiederholen
3. Nutzenorientierte Fragen stellen

Die Technik ist wirklich simpel und trotzdem in manchen Situationen so schwer! Aber Übung macht den Meister. Meine Empfehlung: Wenn Sie diese Technik in Ihre Verkaufskommunikation aufnehmen wollen, beginnen Sie damit schon morgen.

Starten Sie vorerst einmal mit Stufe 1 und Stufe 2, also den Einwand hören und akzeptieren und die Aussage wiederholen. Sie werden sehen, das ist bereits der halbe Erfolg. Wenn Sie das einige Wochen durchziehen, haben Sie Ihr Verhalten bereits so verändert, dass Sie den dritten Schritt dazunehmen können: Nutzenorientierte Fragen zu stellen.

Abschließend möchte ich Ihnen noch von einem eigenen Erlebnis in diesem Zusammenhang berichten:

Vor kurzem war ich bei einer großen Pharmafirma und sprach beim Personalchef vor. Wir hatten ein interessantes Gespräch, und nach einer ausführlichen Bedarfserhebung präsentierte ich unser VBC-Verkaufstrainings-Konzept – lustvoll und nutzenorientiert, wie ich meinte. Als ich damit fertig war, schaute mich Dr. Keckstein an und sagte: »Herr Tripolt, vielen Dank für Ihre Präsentation, doch ich sehe darin eigentlich nichts Neues!« … Und traf mich damit mitten ins Herz.
Gerade hatte ich ihm unser einmaliges Vier-mal-vier- Videosystem, unsere didaktischen Konzepte, MNC-Methoden und noch einiges mehr präsentiert, und jetzt das! Gerade wollte ich den Kundeneinwand mit einem Gegenargument entkräften, als ich mich innerlich zurückpfiff – Achtung, Falle! – und folgende Strategie wählte:

»Verstehe, Herr Doktor Keckstein, Sie sagen, Sie entdeckten in unserem Verkaufstrainingskonzept nichts Neues.«
Dr. Keckstein: »Ja.«
Darauf ich: »Eigentlich haben sie ja Recht, Herr Doktor, Verkaufen ist seit tausend Jahren gleich. Wenn Sie nun unsere Trainingsprogramme durchschauen, welches der Trainingstitel spricht Sie für Ihre Pharmareferenten am meisten an?«
Dr. Keckstein las sich darauf die unterschiedlichen Trainingstitel durch, bis er bei dem Thema »8 Stufen zum Verkaufserfolg – zur Spitzenklasse im Außendienst« hängen blieb. Ich erklärte ihm die Inhalte, und anschließend vereinbarten wir ohne Umschweife den Trainingstermin und -ort.

Mittlerweise ist das Training schon gelaufen, die Pharmareferenten waren begeistert, und das Feedbackgespräch bei Dr. Keckstein war eine Freude.

Sie können sich ausmalen, was passiert wäre, hätte ich voller Ehrgeiz versucht, Herrn Doktor Keckstein eine Reihe von Methoden, Techniken und didaktischen Hilfsmitteln zu präsentieren, die er garantiert noch nie gesehen hat. Vermutlich wäre damit das Pendel gekippt. Ich wäre von diesem Termin nach Hause gefahren, in der Gewissheit, dass Herr Doktor Eckstein Unrecht hat und ich Recht – allerdings ohne Auftrag!

Eine Schlüsselfrage für unseren Erfolg im Verkauf ist:

Wollen wir Recht haben oder verkaufen?

Wenn Sie sich fürs Verkaufen entschieden haben, dann übernehmen Sie das Konzept des Auspendelns in Ihre Verkaufskommunikation – viel Erfolg!

Spätestens jetzt werden Sie sich, liebe Leserin, lieber Leser, vielleicht fragen, wann eigentlich, wenn es um Einwände geht, das Thema Preis erwähnt wird.

Der Preiseinwand, der uns in fast allen Branchen begegnet, ist natürlich wichtig zu nehmen. Und weil das so ist, habe ich diesem Thema ein ganzes Kapitel gewidmet, nämlich das Kapitel 5, »Welche Rolle spielt der Preis?«.

Die 72-Stunden-Regel mit Praxisfragen

Praxisfrage 1:
Was ist das klassische Verkäuferverhalten nach Kundeneinwänden?

Mein erster konkreter Schritt zur erfolgreichen Umsetzung:

Praxisfrage 2:
Aus welchen drei Schritten besteht die Methode des Auspendelns?

Mein erster konkreter Schritt zur erfolgreichen Umsetzung:

3.2.9 Der positive Verkaufsabschluss

Ich habe bewusst das Wörtchen »positiv« vor den Verkaufsabschluss gesetzt. Abgeschlossen wird ja bald etwas, leider nicht immer positiv. Der Begriff »Verkaufsabschluss« ist so oder so etwas widersprüchlich. Bei einem neuen Kunden beginnt ja mit dem Verkaufsabschluss erst die Kundenbeziehung. Eigentlich ist es damit kein Abschluss, sondern der Start in eine hoffentlich langjährige und für beide Partner Gewinn bringende Geschäftsbeziehung. Mit den unterschiedlichsten Techniken dazu (die glorreichen sieben Abschlusstechniken) werden wir uns intensiv in Kapitel 7 auseinander setzen.

Hier sind die wichtigsten Erfolgsfaktoren für den positiven Verkaufsabschluss:

- Wir strahlen Zuversicht aus.
- Wir sind uns unserer Sache sicher.
- Wir sind locker und entspannt.
- Wir bleiben ruhig und gelassen.
- Wir bestärken den Kunden in seiner Entscheidung.
- Wir sind geduldig, aber zielstrebig.
- Wir erkennen Kaufsignale (dazu später noch mehr).
- Wir stellen schlaue Abschlussfragen.
- Wir zerreden nicht die Abschlussbereitschaft.

Als Verkäufer haben wir naturgemäß eine positive Einstellung zum Abschluss und zum Geschäftserfolg. Das ist in unserem Wirtschaftsraum nicht so selbstverständlich, werden doch hier gar nicht selten Verkaufserfolge und gute Unternehmensgewinne mit unredlicher Geschäftsgebarung in Zusammenhang gebracht. Auf der anderen Seite des Teichs ist das ganz anders. Dort sind erfolgreiche Verkäufer gefeierte Stars, und guter Geschäftsgang wird aufrichtig bewundert, bedeutet es doch, dass man es verstanden hat, Produkte und Dienstleistungen mit den Bedürfnissen der Kunden in Einklang zu bringen und damit Erfolg zu haben.

Barrieren sind da, um sie zu überwinden:
Es wäre Scharlatanerie, Ihnen vermitteln zu wollen, dass es einen Knopf beim Kunden gibt, den Sie betätigen können, und damit sind alle Barrieren, die einem Verkaufsabschluss im Wege stehen, beseitigt. Das wäre schön. Wir müssen jedoch weiterhin unermüdlich im Rahmen des gesamten Verkaufsprozesses Barrieren abbauen. Wir tun es in unzähligen kleinen Schritten. Profis sind wir geworden, wenn wir sie so gut eingeübt haben, dass wir sie unbewusst setzen. Der wichtige erste Eindruck, unsere Kleidung, ein freundlicher Blickkontakt, ein Lächeln, ein vertrauensvoller Beziehungsaufbau, die Beachtung der Interessen des Kunden, die richtigen Fragen, nutzenorientierte Argumente, Dialog statt Monolog – all das führt dazu, dass die Barriere fällt.

Die 72-Stunden-Regel mit Praxisfragen

Praxisfrage 1:
Wie baue ich die Barriere bei meinen Kunden ab?

Mein erster konkreter Schritt zur erfolgreichen Umsetzung:

Praxisfrage 2:
Wie baue ich etwaige Barrieren bei mir selbst ab?

Mein erster konkreter Schritt zur erfolgreichen Umsetzung:

4.

Bauch oder Kopf, Ratio oder Emotion?

4.1 Bauch oder Kopf, wer gewinnt?

Es gewinnt der Bauch! Allerdings ist der Vorsprung dermaßen überwältigend, dass das doch einige überraschen wird. Weltweit quer durch 13 Branchen, ob Produkt oder Dienstleistung, werden 93 Prozent aller Kaufentscheidungen auf der emotionalen Ebene getroffen (Quelle: Dr. Kurt Glücks, Liechtenstein) und nur sieben Prozent auf der Sachebene. Natürlich wird es gewisse Branchenunterschiede geben- wir sprechen hier auch von Durchschnittszahlen. Bei Mode, Autos, Sportgeräten – wird der emotionale Anteil wohl in Richtung 100 Prozent gehen. Möglicherweise wird die Sachebene bei Nutzfahrzeugen oder Lagerregalen eine größere Rolle spielen. Wie gesagt, wir sprechen vom Durchschnitt. Welche Faktoren sind nun der Emotion zuzurechnen und welche der Ratio?

Hier ein paar Beispiele für die Sachebene:
- Der Preis
- Die technischen Daten
- Die spezifischen Merkmale
- Größe, Gewicht etc.

Emotionale Faktoren kommen meist aus dem Unterbewusstsein:
- Gefühle
- Stimmung
- Farben, Formen, Düfte
- Erinnerungen etc.

Nur ganz selten kaufen Menschen nach vernünftigen Überlegungen. Menschen wollen meist mehr als sie sich leisten können. Geld steht aber nicht unbeschränkt zur Verfügung. Damit müssen wir alle zurechtkommen.

Menschen wollen Autos mit größerem Innenraum und kleineren Außenmaßen.

Sie wollen köstliche und kalorienarme Mahlzeiten.

Sie wollen Investitionen mit höheren Erträgen und geringerem Risiko.

Kunden wollen alles, aber sie wissen, dass sie nicht alles bekommen können.

Ganz interessant ist, dass wir Verkäufer auf die unter Sachebene genannten Faktoren meist keinen Einfluss haben – damit müssen wir leben. Hingegen bei den emotionalen Faktoren, da spielen wir eine ganz große Rolle. Solange Computersysteme keine Gefühle vermitteln können – und das wird eine ganze Weile noch andauern –, so lange haben wir Verkäufer den Trumpf in der Hand. Der weltweit gemachte Umsatz im Internet beträgt derzeit gerade einmal drei Prozent. Wie schon in Kapitel 1 beschrieben, läuft ein Großteil davon im Rotlichtgeschäft. Zukunftsforscher sagen voraus, dass der prozentuale Anteil des Umsatzes im Internet steigen wird. Manche Vorhersagen bezeichnen das Potenzial bis zu zehn Prozent. Das wären viele Milliarden Euro, aber 90 Prozent des weltweit gemachten Umsatzes werden immer noch wir Verkäufer persönlich machen. Und das ist die gute Nachricht: Spitzenverkäufer sind nie »arbeitslos«. Und wenn ein Unternehmen einmal ins Trudeln gerät oder eine Führungskraft eine Fehlentscheidung trifft und damit ein Spitzenverkäufer arbeitslos wird, dann hat er – wenn er will – am nächsten Tag einen neuen Job. Spitzenverkäufer sind heiß begehrt und rar wie Rennpferde!

Noch etwas ist wichtig:
Je höher die Investition bei einem Geschäft, umso höher ist die Emotion. Rational würde man das ja gerade umgekehrt erachten. Die heißen Debatten um Autobahnbauten, Hochhäuser, neue Universitäten und die Anschaffung von Kampfflugzeugen beweisen, dass diese These stimmt.

4.2 Siege entstehen im Kopf

Verkaufsabschlüsse werden vom Unterbewusstsein gesteuert. Wie wir unser Unterbewusstes positiv steuern, besprechen wir noch in diesem Kapitel.

Vorher noch etwas Erstaunliches zum Wettbewerb allgemein oder zu Ihren »Mitbewunderern« am Markt. Die gute Nachricht: Wir brauchen nicht gegen den gesamten Wettbewerb anzutreten, denn meistens sind es sowieso nur ganz, ganz wenige, die sich den Sieg auch vorgenommen haben. Selbst bei Spitzensportlern ist das so. Hätte man alle Teams der teilnehmenden Länder der Fußballweltmeisterschaft 2006 in Deutschland gefragt, ob sie Weltmeister werden wollen, hätten nur ganz wenige mit Ja geantwortet. Was der Wille zum Sieg im Fußball bewirken kann, hat uns jedoch Otto Rehhagel mit seinen Griechen bei der EURO 2004 vorgetanzt.

Auch bei Volksläufen hat man die Gruppe der Profis gefragt, ob sie den Bewerb gewinnen wollen. Nur 20 der 150 genannten Profis hatten den Sieg im Kopf. Diese 20 machen sich den Sieg erwartungsgemäß untereinander aus.

Und noch ein Beispiel aus einer Talkshow. Nur fünf Prozent der Teilnehmer beantworten die Frage, ob sie bei der nächsten Saalwette gewinnen wollen, mit Ja. Der Rest macht nur mit.

Nehmen Sie sich den Sieg vor – damit sind Sie Ihrem Wettbewerb schon um Lichtjahre voraus. Das macht vor allem Sinn im Verkauf, denn wir Verkäufer haben nichts von einer Silbermedaille.

Wie können wir nun unser Unterbewusstes steuern? Dazu bieten wir Ihnen drei Handwerkzeuge an, die Sie am besten gleich bei sich selbst ausprobieren können:

- Ziele
- Affirmationen
- Glaubenssätze

4.3 Unsere Ziele

»Alles, was wir Menschen uns vorstellen können, können wir auch erreichen«, meint Albert Einstein. Der Umkehrschluss beweist, dass es wahr ist: Alles, was wir uns nicht vorstellen können, werden wir nie erreichen.

Bleiben wir bei der Kraft unserer Vorstellung. Hier ein paar Beispiele, wozu Menschen mit dem Willen zur Verwirklichung ihrer Vorstellung in der Lage sind:

Edwin Land, ein amerikanischer Physiker, nahm Fotos von seiner Familie auf. Seine dreijährige Tochter wollte die Bilder sofort sehen und konnte nicht verstehen, dass sie nun mehrere Tage warten sollte, bis die Fotos fertig waren. Land verfügte über eine ausgeprägte Vorstellungskraft und entwickelte die Polarisierungstechnologie, woraus letztlich die Polaroidkamera entstand. Schätzungen zufolge besaß Ende der 60er-Jahre die Hälfte der amerikanischen Haushalte eine Polaroidkamera.

Oder Ray Kroc, der den McDonalds Brüdern im kalifornischen San Bernardino seine Milchshake-Automaten verkaufte. Tatsächlich reichte seine Vorstellungskraft aus, sich das Potenzial des kleinen Betriebs auszumalen, und er investierte 2,7 Millionen Dollar, um ihn zu erwerben. Der Rest ist Geschichte, und Kroc eroberte mit dem gelben M die Welt.

Oder wie hat doch dieser Arthur Fry, ein kleiner Verfahrenstechniker aus Minnesota, der für 3M zu arbeiten begann, unsere Büroorganisation umgekrempelt! Erfunden hat dieses heute unentbehrlichen »Post-it« Frys Kollege Dr. Spencer Sylver aus der Forschungszentrale. Die Möglichkeiten des Zufallsprodukts als unerschöpfliche Geldquelle für 3M erkannte allerdings Fry. Er schickte 3M- Manager aus, die die kleinen selbst klebenden Notizblöcke in Unternehmen testen ließen. 90 Prozent der Leute fanden das unscheinbare Produkt genial, und »Post-it« ging um die Welt.

Es geht also darum, Chancen zu erkennen, Ziele zu definieren und bedingungslos zu verfolgen. In der Folge besprechen wir eine Methode, die uns in die Lage versetzen wird, jedes Ziel, das wir uns vornehmen – also wirklich jedes Ziel, das wir uns vorstellen können – auch zu erreichen.

A. Ziele richtig definieren

Unser Ziel muss positiv sein.

Wenn wir uns in die Zukunft beamen und uns vorstellen, wir hätten das Ziel bereits erreicht, dann in uns hineinhören und ein gutes Gefühl dabei haben, dann ist es okay. Umgekehrt funktioniert es natürlich auch. Angenommen, Sie wären eigentlich gerne Politiker, vielleicht sogar Bundespräsident. Toll, ständig in der Öffentlichkeit zu stehen, von einem Pressetermin zum nächsten zu jagen und gescheite Statements abzugeben ... Sie würden das genießen – oder verursacht die Vorstellung vielleicht doch ein ungutes Gefühl in der Magengrube? Dann sollten Sie Ihr Ziel umformulieren. Das Ziel muss also positiv sein, es muss konkret sein und Sie motivieren. Im ersten Schritt ist es wichtig, nur über das »*Was* soll erreicht werden?« nachzudenken. »*Wie* soll es erreicht werden?« kommt später.

Wenn Ihr Ziel eine Villa mit Seeblick und Indoor-Swimmingpool ist, dann wissen Sie, *was* Sie erreichen wollen. Wenn Sie zuerst die *Wie*-Frage stellen, also zum Beispiel: »*Wie* sollte ich so etwas finanzieren?«, stirbt die Idee möglicherweise gleich. Zuerst also immer: »*Was* will ich erreichen?«

B. Handlungsorientierung

Wie will ich mein Ziel erreichen? Das ist nun die alles entscheidende Frage. Es geht vor allem um den konkreten ersten Schritt. Bleiben wir beim Beispiel mit unserer Seevilla. Der erste konkrete Schritt könnte sein: Wir nehmen uns einen halben Tag Zeit und machen zusammen mit unserer Lebenspartnerin eine private finanzielle Inventur. Welche Sparguthaben sind vorhanden, welche Kredite sind noch offen …? Aktiva gegen Passiva. Danach erstellen wir einen Sparplan, der uns in den nächsten Jahren in die Lage versetzen wird, zumindest ein Viertel der benötigten Mittel anzusparen. Dann lassen wir das Bankinstitut ins Grundbuch eintragen und realisieren unseren Traum.

C. Der Zeitplan

Bis wann muss das Ziel erreicht werden? Die Festlegung des Zeitplans ist der nächste konkrete Schritt und eines der wichtigsten Erfolgskriterien. Wir Menschen neigen zu Fehleinschätzungen, was Zeiträume anbelangt: Wir überschätzen bei weitem, was wir in einem Jahr erreichen können, und unterschätzen völlig, was innerhalb von etwa fünf oder sieben Jahren geschafft werden kann.

Übrigens ist das auch der Kardinalfehler in den meisten Businessplänen. Viele tolle Geschäftsideen scheiterten daran, dass zur Erreichung des Break-even-Points zu wenig Zeit eingeplant oder für zu wenig Liquidität gesorgt wurde. Wussten Sie, dass Weltmarken wie McDonald's oder Red Bull ihre ersten Unternehmensgewinne erst nach zirka einem Jahrzehnt realisieren konnten? Auch VBC, das mittlerweile größte Verkaufstrainings-Institut im deutschsprachigen Raum, hat fünf Jahre gebraucht, um das erste positive Geschäftsjahr zu bilanzieren.

D. Selbstbestimmt

Wer ist für die Erreichung Ihres Zieles verantwortlich? Wenn Sie auf diese Frage irgend jemand anderen als sich selbst nennen müssen, dann formulieren Sie Ihr Ziel um, denn Sie sind fremdbestimmt! Zur Erreichung Ihres Zieles ist es notwendig, dass Sie jegliche Fremdbestimmung ausschalten. Nehmen Sie Ihre Zielorientierung selbst in die Hand!
Kleine Ziele bringen kleine Chancen, große Ziele große Chancen!
Aber manchmal ist es notwendig, die Rahmenbedingungen zu berücksichtigen. Wenn es Ihr Ziel wäre, Generaldirektor der französischen Automarke Citroën in Frankreich zu werden, dann gilt es, zuvor wohl eine wichtige Rahmenbedingung zu erfüllen:
Richtig! Sie müssen sehr gut Französisch sprechen. Teilen Sie daher Ihr langfristiges Ziel in Etappen auf und nehmen Sie sich als erstes Zwischenziel vor, Ihre Französischkenntnisse auf Vordermann zu bringen.

- Ihr Ziel gibt Ihnen Orientierung und Energie.
- Jeder Etappensieg verschafft Ihnen ein Erfolgserlebnis und gibt Ihnen die Motivation für den nächsten Schritt.
- Klare Ziele ermöglichen klare und schnelle Entscheidungen.
- Konkrete Ziele verleihen Ihnen das Image des Erfolgreichen.
- Durch ein klares Ziel ergibt sich auch der beste Weg dahin.
- Klare, langfristige Ziele verringern den Aufwand.
- Durch Ihr Ziel erkennen Sie Ihre echten Chancen.

- Ziele bestimmen Ihr persönliches Wachstum.
- Sie werden sehen: Es ist leichter, erfolgreich zu sein, als Misserfolg zu ertragen!

Die 72-Stunden-Regel mit Praxistransfer

Bitte formulieren Sie hier nun je zwei kurzfristige Ziele (zu erreichen in den nächsten sechs Monaten), zwei mittelfristige Ziele (zu erreichen in den nächsten fünf bis sieben Jahren) und zwei langfristige Ziele (Ihr Lebens- und/oder Karriereziel), und überprüfen Sie beim Schreiben Ihrer Zielformulierung, ob die vier erwähnten Kriterien »Positiv«, »Handlungsorientiert«, »Zeitplanung«, »Selbstbestimmt« erfüllt sind. Wenn nicht, formulieren Sie bitte um. Sollte es sich um ein geschäftliches Ziel handeln, fügen Sie noch ein fünftes Kriterium hinzu: Messbarkeit!

Meine zwei kurzfristigen Ziele
(diese werden Sie in den nächsten sechs Monaten erreichen)

Meine zwei mittelfristigen Ziele
(diese werden Sie in den nächsten fünf bis sieben Jahren erreichen)

Meine zwei langfristigen Ziele
(Lebens- und/oder Karriereziele)

4.4 Affirmationen

Sicher ist Ihnen bei der Fernsehübertragung von Sportveranstaltungen schon einmal aufgefallen, dass viele Sportler vor dem Start die Lippen bewegen und dass sie offensichtlich ein Selbstgespräch führen. Vielleicht wollten Sie gerne schon einmal wissen, was die mit sich zu bereden haben.

Die Antwort lautet: Sie affirmieren. Affirmationen sind positiv formulierte formelhafte Vorsätze. Das Wort Affirmation kommt aus dem Lateinischen und bedeutet: Bejahung, Zustimmung, Bekräftigung.

Für uns Verkäufer bedeutet das:

- Wir programmieren uns mental.
- Affirmation ist eine besondere Form des Selbstgesprächs, um uns positiv auf Ziele einzustimmen.
- Diese Technik ist leicht von jedem selbst ausführbar, wenn einige leichte, aber wichtige Regeln beachtet werden.

Regeln für formelhafte Vorsätze und Affirmationen:

- Vorsätze müssen knapp und einprägsam sein.
- Die Formulierung muss uns in unserem Innersten ansprechen und berühren.
- Der Satz muss positiv formuliert sein, er darf weder die Wörter »nein«, »nicht«, »kein« noch andere Verneinungen enthalten.

»Ich möchte keine Kopfschmerzen haben« ist falsch! Denn damit werden die Gedanken geradezu auf den Begriff Kopfschmerzen hingewiesen. Richtig: »Mein Kopf ist klar und frei«.

Hier ein paar Beispiele für Affirmationen:

- Ich schaffe es.
- Ich merke mir alle wichtigen Dinge.
- Ich bin ruhig und entspannt.
- Ich kann mich gut konzentrieren.
- Ich erreiche mein Ziel mit Leichtigkeit.
- Es fällt mir leicht.
- Ich mache alles mit Ruhe und Konzentration.
- Es geht mir jeden Tag besser und besser.
- Mein Gedächtnis verbessert sich von Tag zu Tag.

Die 72-Stunden-Regel mit Praxistransfer

Bitte formulieren Sie hier mindestens fünf Ihrer persönlichen Affirmationen:

4.5 Glaubenssätze

Im Unterschied zu Affirmationen haben Glaubenssätze eine wahnsinnig nachhaltige Wirkung. Affirmationen stimulieren kurz, Glaubenssätze lösen lebenslange Handlungen aus.

Unser Gehirn steuert unsere Sprache. Unsere Sprache beeinflusst unser Unterbewusstsein. Unser Unterbewusstsein löst unser Tun und Handeln aus. Möchten wir also unser Verkaufsabschlussverhalten verbessern, gibt es mehrere sehr effektive Möglichkeiten. Einige davon haben wir ja schon besprochen. Eine weitere: Wir formulieren unsere eigenen Glaubenssätze.

Es geht hier nicht um Gehirnwäsche oder Manipulation von außen, sondern um unseren eigenen Zugriff auf ein Lenkrad, das es uns ermöglicht, unsere Ziele selbst anzusteuern. Wir bestimmen damit selbst unseren Weg durch die Welt, anstatt wie Schafe hinter der Herde her zu trampeln, ohne zu wissen, was wir eigentlich wollen.

Wenn der Wille gegen den Glauben kämpft, gewinnt immer der Glaube, obwohl der Glaube zumeist verschüttet und unbewusst ist. Oft wissen wir gar nicht, dass wir an etwas glauben, und trotzdem handeln wir danach. Einige dieser Glaubenssätze sind sehr positiv, das ist erfreulich, die behalten wir gerne bei. Andere wiederum sind negativ und schuld daran, dass wir möglicherweise immer wieder ähnliche unangenehme Erlebnisse haben. Solange unsere Glaubenssätze unbewusst wirken, so lange können wir sie nicht ändern. Sobald wir sie uns aber bewusst gemacht haben, können wir sie durch unseren Willen beeinflussen und lenken. Ein effektiver und einfacher Weg zu neuer Kraft und Motivation!

Nachfolgend einige positive Beispiele für Glaubenssätze von und für Spitzenverkäufer:

- Verkäufer zu sein ist ein toller Beruf, anspruchsvoll und vielfältig, ich begegne sehr vielen interessanten Menschen.
- Ich finde stets gemeinsam mit meinem Kunden die beste Lösung für sein Anliegen.
- Ich achte meine Kunden, sie vertrauen mir.
- Auch in speziellen Verkaufssituationen behalte ich den Überblick und bringe das Gespräch durch geschicktes Fragen zielstrebig zum Abschluss.
- Meine Kunden sind mir wichtig, ich verhandle immer nach dem »Gewinner-Gewinner-Prinzip«.

Die 72-Stunden-Regel mit Praxistransfer

Bitte formulieren Sie hier mindestens fünf Ihrer persönlichen Glaubenssätze:

5.

Welche Rolle spielt der Preis?

5.1 Das Zeitalter der »Smart Shopper«

Smart Shopper sind Konsumenten, deren Verhalten durch gleichzeitiges Streben nach Preisvorteilen und nach Qualität, beispielsweise hochwertigen Marken, gekennzeichnet ist. Darin unterscheidet sich der Smart Shopper maßgeblich vom Schnäppchenjäger, der nach Angeboten sucht, die ohnehin im untersten Preissegment liegen. Smart Shopper stellen sich die Frage: »Wie schaffe ich es, teure und exklusive Markenartikel immer so günstig wie möglich zu bekommen?« Möglichkeiten sind zum Beispiel der Einkauf direkt beim Hersteller, beim Großhändler, bei eBay im Internet, zu Saisonschluss, wenn auch die teuren Marken reduziert werden usw.

Wir Verkäufer dürfen uns sicher sein, dass die Anzahl der Smart Shopper zukünftig nicht kleiner wird. Auch der weltweit erzielte Verkaufsumsatz im Internet – wie schon besprochen – wird enorm steigen. Trotzdem: auch der Smart Shopper kann auf uns Verkäufer nicht verzichten!

Und das Internet lassen wir uns nicht madig machen! So wie es uns auf der einen Seite den einen oder anderen Euro an Geschäft wegnimmt, so massiv unterstützt es unsere Verkaufsbemühungen auf der anderen Seite. Oder können Sie sich einen professionellen Verkauf ohne auf dem Internet basierende Techniken und Informationen noch vorstellen? Wir versenden heute schnellstens unsere schriftlichen Angebote und Auftragsbestätigungen mittels E-Mail. Wo stünden wir ohne unsere elektronische Kundendatenbank, die wir online zeitgleich mit unserem Innendienst benutzen können?

5.2 Wann kommt der Preis?

Grundsätzlich: im Dialog mit unseren Kunden so spät wie möglich, frühestens nach der Bedarfserhebung und Präsentation. Unsere Kunden müssen vorher den Nutzen und den USP (uniq selling proposition), also das Alleinstellungsmerkmal unseres Produkts beziehungsweise unseres Dienstleistungspakets, erkannt haben. Es gilt also, vorher die »Wertvorstellung« im Kopf des Kunden herzustellen. Wenn wir den Preis früher nennen, wird er immer als teuer oder sogar zu teuer erachtet werden.

Was tun wir aber, wenn der Kunde früher nach dem Preis fragt?

Dann sind wir peinlich berührt und reagieren erschrocken Zum Beispiel so: »Um Himmels willen! Jetzt kann ich Ihnen den Preis noch nicht sagen, denn Sie haben noch keine Wertvorstellung im Kopf!« ... Na ja, so vielleicht doch nicht ...

Es geht vielmehr darum, den Kunden auch in dieser Phase des Gesprächs nicht in die Oppositionshaltung zu drängen, sondern sich mit ihm zu verbünden. Wir gehen in Schulterschluss mit unserem Kunden.

Schauen wir uns das in einem Verkaufsgespräch an:

Kunde: »Herr Verkäufer, jetzt rücken Sie schon heraus, was kostet das gute Stück?«

Verkäufer: »Lieber Kunde, gut, dass Sie fragen. Der Preis ist insgesamt einer unserer größten Vorteile, denn gerade in wirtschaftlich schwierigen Zeiten wie diesen spielt der Preis ja eine besonders große Rolle.«

Kunde: »Ja.«

Verkäufer: »Damit ich Ihnen den für Sie besten Preis machen kann, benötige ich jetzt noch einige Informationen. Darf ich Ihnen diesbezüglich Fragen stellen?«

Kunde: »Ja.«

So, jetzt haben wir erstens Zeit gewonnen, und zweitens haben wir dem Kunden plausibel gemacht, wieso wir ihm noch einige Fragen stellen müssen – und schon sind wir mitten in der Bedarfserhebung!

Dieses professionelle Vertrösten muss geübt werden, hier ein paar bewährte Beispiele aus der Praxis:

- »Auf den Preis komme ich gleich zu sprechen. Vorher möchte ich Ihnen noch ...«
- »Ich weiß, dass bei Ihnen die Wirtschaftlichkeit (Kosten, Nutzen) eine wichtige Rolle spielt. Das ist auch eines unserer größten Anliegen. Damit ich Ihnen die beste Lösung anbieten kann, habe ich vorher noch ein, zwei Fragen.«
- »Ich verstehe, der Preis ist ein wichtiges Kriterium. Ich komme in fünf Minuten darauf zu sprechen. Haben Sie schon ...«
- »Den Preis bestimmen Sie selbst. Er hängt von Ihren individuellen Anforderungen ab. Dazu benötige ich noch ...«

5.3 Wie kommt der Preis?

Wenn wir nun die Vorstellung über den Wert unseres Produkts im Kopf unseres Kunden verankert haben und auch alle Einwände ausgeräumt sind, steht der Preisnennung nichts mehr im Wege.

Aber bitte nicht so: »Klar!« – räusper, äh – »da haben wir also ..., wo ist denn die Preisliste?« – schwitz»!

Sie befinden sich mitten in der Angstfalle!

Besser in einer modernen Verpackung, zum Beispiel als WWW. WWW steht hier ausnahmsweise nicht für World Wide Web, sondern für:

1. **W**as. Wir bringen eine Zusammenfassung: »Was« sich alles im Paket befindet!
2. **W**ieviel. Die Investition dafür beträgt ... und das Wort Preis oder Kosten streichen wir aus unserem Sprachgebrauch heraus.
3. **W**ofür. Welchen Nutzen bringt unserem Kunden diese Investition.

Hier ein Beispiel:

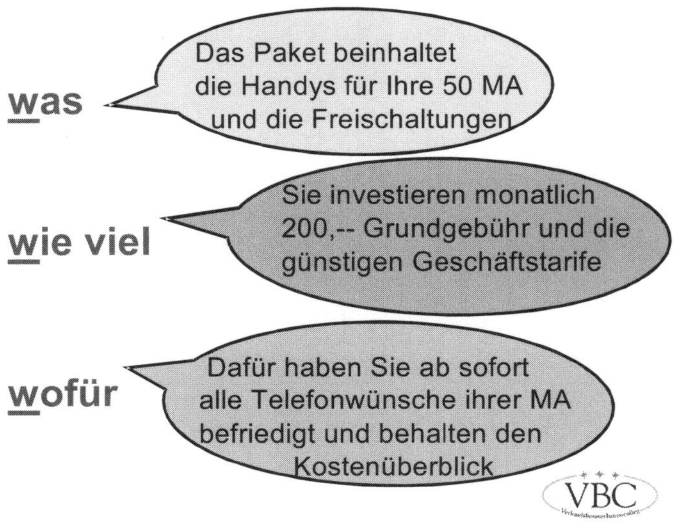

Und wie wichtig diese WWW-Schleife und vor allem das »Wofür« am Schluss ist, schauen wir uns im nächsten Beispiel an:

BMW-Verkäufer A:

Ein Kunde kommt gerade von der Probefahrt mit einem BMW 330XD Touring zurück.

Kunde: »Herr Verkäufer, tolles Auto, verraten Sie mir mal den Preis, was kostet das gute Stück?«

Verkäufer: »Also für den BMW 330XD in Silber mit den schwarzen Ledersitzen und dem großen Navigationspaket investieren Sie 536 Euro 36 Monate lang!«

Einiges daran war gut:
Verkäufer A hat das erste W – das WAS, nämlich eine gute Zusammenfassung der Merkmale des Autos – gebracht, und auch das WIE VIEL war im Prinzip okay: Er sprach von Investition und hat den Preis gleich auf 36-Monats-Häppchen heruntergebrochen.

Im Kopf des Kunden bleibt trotzdem der Preis, eben diese 536 Euro im Monat.

Das geht bei **Verkäufer B** auch anders:

Kunde: »Herr Verkäufer, tolles Auto, jetzt rücken Sie mal mit dem Preis heraus, was kostet das gute Stück?«

Verkäufer: »Für den BMW 300XD in Silber mit den schwarzen Ledersitzen und dem großen Navigationspaket investieren Sie 536 Euro im Monat. Und das Beste dabei ist, dass Sie auch in einem schneereichen Winter wie in diesem nicht wie andere Verkehrsteilnehmer mit klammen Fingern unter Ihrem Auto liegen und Schneeketten anlegen. Nein, Sie werden bequem und sicher bei Wind und Wetter Ihr Ziel erreichen.«

Was hat unser Kunde jetzt im Kopf? Richtig: keine klammen Finger, das Fahrtziel bequem und sicher erreichen! Und das ist das, was wir wollen! Nicht der Preis steht im Mittelpunkt, sondern der Nutzen.

Unsere Kunden kaufen nicht den Drehmoment der Bohrmaschine, nein, sie kaufen das Loch in der Wand!

Und jetzt noch ein Tipp:

Für uns Verkäufer sind Redepausen grundsätzlich gut, ausnahmsweise machen wir zwischen dem WIE VIEL und dem WOFÜR keine Redepause!

Wenn Sie, liebe Leserin, lieber Leser, diese Technik ab morgen einsetzen, wundern Sie sich nicht, wenn Ihr Kunde möglicherweise nochmals nach dem Preis fragt, nachdem Sie Ihren Preis mit diesem WWW-Modell bereits verkauft haben. Dann können Sie innerlich schmunzeln. Es hat geklappt. Sie haben den Preis so sexy verpackt, dass Ihr Kunde den Preis gar nicht gehört hat. Was machen wir dann? Wir wiederholen das WWW-Modell, und da Verkäufer kreativ sind, fügen wir jetzt nach dem WAS, der Zusammenfassung, und dem WIE VIEL, der Investition, noch einen weiteren Nutzen hinzu. Vielleicht den zweitgrößten Nutzen, den Sie ja wie auch schon den Hauptnutzen im Rahmen der Bedarfserhebung ermittelt haben.

Für visuell stärker ausgeprägte Leser hier noch das WWW-Modell in Form eines Sandwiches:

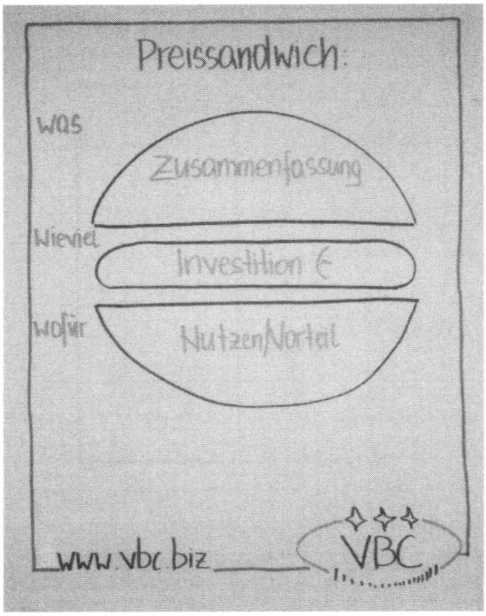

Gerne verwende ich den Begriff: »veredelter Berater«. So nennen wir von VBC die Spitzenverkäufer, Profis, die mehrere hunderttausend Euro im Jahr verdienen. Dieses WWW-Modell braucht es aber nicht nur in der Champions League, sondern es ist ein Basiswerkzeug und muss von allen Verkäufern beherrscht werden.

Deshalb hier gleich der Praxistransfer für Sie:

Designen Sie für Ihre drei wichtigsten Produkte beziehungsweise Dienstleistungen je ein WWW-Modell. Das WOFÜR, den Kundennutzen, müssen Sie erfinden, Sie haben ja gerade keinen »Kunden Sparring Partner« parat:

Erstes WWW-Modell:

Was:

Wie viel:

Wofür:

Zweites WWW-Modell:

Was:

Wie viel:

Wofür:

Drittes WWW-Modell:

Was:

Wie viel:

Wofür:

5.4 Die Hut-Story

Eine Boutiquebesitzerin in New York beklagt sich über die immer größer werdende Preissensibilität ihrer Kundinnen. Hüte in der Preisklasse von 200 bis 250 Dollar sind immer schwerer an die Frau zu bringen, und immer öfter wird sie nach Sonderpreisen und Rabatten gefragt. Bis sie eines Tages auf einen Berater trifft, der ihr zu einer völlig neuen Idee verhilft. Schon wenige Tage später ist ihre Auslage ausgeräumt und statt der vielen 150 bis 300 Dollar teuren Hüte ist nur noch ein Hut präsentiert. Von einer jungen Künstlerin hat sie ein besonderes Modell entwerfen lassen. Dieses ist mit echten Brillanten besetzt und zieht, gut beleuchtet und auf schwarzem Samt platziert, die Blicke der vorbeigehenden Passanten auf sich. Bemerkenswert ist das Preisschild: Der Hut ist mit 25 000 Dollar angeschrieben. Immer öfter bilden sich Menschenschlangen vor der Auslage, die dieses besondere Stück bewundern. Ganz nebenbei erregt dieser Hut auch mediales Aufsehen. Ein Reporterteam meldet sich, im lokalen Fernsehen erscheint ein toller Bericht. Wen wundert's, dass die Boutiquebesitzerin von immer mehr Kundenfrequenz in Ihrem Laden berichtet und dem Phänomen, dass ihre Kundinnen plötzlich die 200-bis-500-Dollar-Hüte gar nicht mehr als zu teuer empfinden? Auch Rabatte werden kaum noch eingefordert.

Wer teuer verkaufen will,
soll etwas noch Teureres daneben stellen!

Am Ende des Kapitels, anlässlich der 72-Stunden-Regel und des Praxistransfers, werde ich von Ihnen wissen wollen, welche Erkenntnisse Sie aus dieser Geschichte mitnehmen.

5.5 Kunden kaufen gerne »oben«

Angeregt durch eine neue Idee, ändert ein Tiroler Gastwirt seine Speisekarte. Nicht wie bisher sortiert er die Preise von oben nach unten, von billig nach teuer, sondern er beginnt oben mit den teuren Speisen und wird nach unten hin günstiger. Das Ergebnis ist phantastisch. Statt durchschnittlich 14 Euro pro Gast erhöht er den Pro-Kopf-Umsatz auf über 17 Euro. Die Umsatzsteigerung betrug 21 Prozent.

Kunden kaufen eben gerne »oben«.

Jetzt möchte ich Sie noch auf zwei Herren aufmerksam machen, die wohl die berufensten Personen sind, wenn es um das Thema Preisverhandlung geht: Erich-Norbert Detroy und Heinz Feldmann.

Man könnte sie auch die beiden europäischen Preisverhandlungsgurus nennen. Im Literaturverzeichnis finden Sie wichtige Bücher dieser beiden, die Sie als Topverkäufer auf jeden Fall in Ihrer Bibliothek haben sollten.

Die 72-Stunden-Regel mit Praxisfragen

Praxisfrage 1:
Welche Maßnahmen leite ich ein, um die Erkenntnisse aus der »Hut-Story« in meiner verkäuferischen Praxis wirkungsvoll umzusetzen?

Mein erster konkreter Schritt zur erfolgreichen Umsetzung:

Praxisfrage 2:
Welche Änderungen in meinem beziehungsweise unserem Angebot, meiner beziehungsweise unserer Preisliste, meinem beziehungsweise unserem Katalog werde ich vornehmen, um der Erkenntnis »Kunden kaufen gerne oben« zu entsprechen?

Mein erster konkreter Schritt zur erfolgreichen Umsetzung:

6.

Kaufsignale und schlaue Abschlussfragen

6.1 Was sind Kaufsignale?

Kaufsignale, die unsere Kunden senden, sind starke Indizien für Kaufinteresse. Um Kaufsignale zu erkennen, brauchen wir eine hohe Wahrnehmungsgenauigkeit.
Hier eine Liste von Kaufsignalen aus der Praxis:

Verbale Signale

Ihr Kunde fragt

- nach dem Preis
- nach Rabatten oder speziellen Konditionen
- nach spezifischen Anwendungsmerkmalen
- nach einer besonderen Farbe oder Größe und stellt Detailfragen
- nach der Lieferzeit
- nach Zahlungsmöglichkeiten, zum Beispiel im Einzelhandel ob bar oder in Plastikgeld
- nach Servicemöglichkeiten
- nach den Garantiebedingungen.

Nonverbale Signale

Ihr Kunde

- nimmt eine ähnliche Körperhaltung ein wie Sie
- spricht im gleichen Tempo
- hat Stimmlage und Lautstärke an die Ihre angepasst.

Wir können hier von perfektem Rapport sprechen! Die Situation ist ideal, um die Abschlussfragen zu stellen!

6.2 Fragen statt sagen

Sie wären überrascht, wie häufig Kollegen auf eindeutige Kaufsignale ihrer Kunden nicht optimal reagieren. Dazu passt wieder mein bereits zitierter Lieblingsspruch: Alles, was wir sagen können, können wir auch fragen. Gerade wenn es um den Kaufabschluss geht, ist das unser wichtigstes Erfolgswerkzeug. Sehen sie selbst anhand folgender Beispiele:

Beispiel 1

Kunde: »Also, wenn ich mich jetzt bei Ihnen für dieses Fahrzeug entscheide, wie viel Rabatt können Sie mir geben?«

Der Verkäufer denkt nach und sagt: »Na ja, lieber Kunde, wenn wir heute einig werden, dann ziehe ich sieben Prozent vom Kaufpreis ab.«

Kunde: »Sieben Prozent! Das sind meine speziellen Rabattkonditionen! Nein, da kann ich mich jetzt nicht so schnell entscheiden. Bitte geben Sie mir ein Prospekt mit, ich melde mich dann wieder.«

Beispiel 2

Kunde: »Sagen Sie, haben Sie diesen Anzug auch in Dunkelgrau?«

Verkäufer: »Lassen Sie mich das bitte prüfen, ob wir Ihre Größe in Dunkelgrau noch auf Lager haben.« Sieht nach und kommt zurück. »Ja, dunkelgrau in 52 ist noch lagernd.«

Kunde: »Fein, der ist auch schön! Jetzt kann ich mich gar nicht zwischen dem blauen und dem dunkelgrauen Anzug entscheiden. Vielen Dank für Ihre Mühe, lassen Sie mich noch eine Nacht darüber schlafen, ich melde mich dann bei Ihnen.«

Beispiel 3

Kunde: »Sagen Sie, wenn ich mich für diesen Einbauschrank entscheide, wie schnell könnten Sie liefern?«

Verkäufer: »Sie haben Glück, in unserer Produktion sind gerade Kapazitäten frei. Rechnen Sie bitte mit zirka drei Wochen Lieferzeit.«

Kunde: »Drei Wochen Lieferzeit, das geht wirklich rasch.« Wendet sich zu seiner Frau und sagt: »Liebling da haben wir ja noch alle Zeit der Welt.« Dreht sich zum Verkäufer und sagt: »Darf ich Sie bitten, uns darüber ein detailliertes Angebot zu schreiben, und wir melden uns dann verlässlich bei Ihnen.«

Was ist in allen drei Fällen passiert?

Die Kunden signalisierten durch ihre Fragen massives Kaufinteresse. Unsere Verkäufer versuchten, jeweils mit sinnvollen Antworten weiterzukommen. Eine durchaus redliche Methode, leider, wie wir sehen konnten, nicht immer erfolgreich.

6.3 Schlaue Abschlussfragen

Anhand der selben Beispiele wollen wir nun die Strategie auf Seiten des Verkäufers abändern. Schauen wir uns an was dabei herauskommt:

Beispiel 1

Kunde: »Also, wenn ich mich jetzt bei Ihnen für dieses Fahrzeug entscheide, wie viel Rabatt können Sie mir geben?«

Verkäufer: »Sie wollen wissen, wie viel Rabatt ich Ihnen geben kann, wenn Sie sich gleich entscheiden. Fein, Sie sind mit Ihrem Entscheidungsfindungsprozess schon sehr weit. Wie weit müsste ich Ihnen entgegenkommen, damit wir uns heute einig werden?«
Schweigt und wartet ab.

Kunde: »Also, sieben Prozent habe ich mir vorgestellt.«

Verkäufer: »Sieben Prozent, das ist allerdings gewaltig! Wissen Sie, was in unserer Branche durchschnittlich an Gewinn erwirtschaftet wird? Deutlich unter fünf Prozent! Wenn ich Ihnen sieben Prozent gebe, legen wir dazu. Allerdings ist es mir besonders wichtig, mit Ihnen zu einem guten Abschluss zu kommen. Ich bin mir sicher, dass Sie mit Ihrem neuen Auto einen Riesenspaß haben und eine hervorragende Referenz sein werden. Wie hört sich das an für Sie, wenn wir uns in der goldenen Mitte treffen, also bei dreieinhalb Prozent?«

Beispiel 2

Kunde: »Sagen Sie, haben Sie diesen Anzug auch in Dunkelgrau?«

Verkäufer: »Wollen Sie den Anzug in dunkelgrau?«

Der Kunde denkt nach und sagt: »Nein, eigentlich habe ich eh schon so viele graue Anzüge im Schrank hängen, ich entscheide mich für den blauen. Kann ich die Hose gleich bei Ihnen kürzen lassen?«

Beispiel 3

Kunde: »Sagen Sie, wenn ich mich für diesen Einbauschrank entscheide, wie schnell könnten Sie liefern?«

Verkäufer: »Na, wann wollen Sie denn den Schrank fix und fertig montiert in Ihrer Wohnung haben?«

Kunde: »Optimal wäre Anfang September.«

Verkäufer: »Das heißt für mich, wenn wir es schaffen, Ihren Schrank fix und fertig bis Anfang September in Ihrer Wohnung zu montieren, dann sind wir uns einig!«

Was haben unsere Verkäufer jetzt anders gemacht?

In allen Fällen ist es gelungen, die Signalfrage des Kunden mit einer Gegenfrage zu entschärfen. Profiverkäufer helfen ihren Kunden zu ihrer richtigen Entscheidung. Durch geschicktes Nachfragen lenken wir den Denkprozess im Kopf des Kunden in die richtige Richtung.

Wenn sie darangehen, Ihr Abschlussverhalten dementsprechend umzustellen, wundern Sie sich bitte nicht, wieso Ihre Umsätze plötzlich explodieren!

6.4 Mit Absagen professionell umgehen

Unsere Studien beweisen, dass Verkäufer, besonders im Einzelhandel, jedoch auch im Business-to-Business-Bereich, selten bis gar nie Abschlussfragen stellen. Dafür muss es doch eine psychologische Erklärung geben! Die Analysen haben nun ergeben, dass Verkäufer vor allem deshalb Abschlussfragen scheuen, weil sie Angst vor dem Nein ihrer Kunden haben. Grundsätzlich ein nachvollziehbarer Gedankengang. Nur, wenn wir auf entscheidungsschwache Kunden treffen, und das sind immerhin 70 Prozent aller Kunden, und diese nicht nach ihrer Entscheidung fragen, werden wir keine Entscheidung kriegen.

Zu Tode gefürchtet ist auch gestorben! Besser ist, uns mental zu verändern und zu stärken.

NEIN in dieser Phase des Verkaufsprozesses heißt einfach:

N = noch
E = eine
I = Information
N = notwendig

Unsere Kunden benötigen noch eine Information. Um herauszufinden, welche, muss der Spitzenverkäufer nachfragen.

Niederlagen sind nicht nur im Verkauf unerwünscht, aber sie sind oft unvermeidbar! Interessant ist, dass erfolgreiche Verkäufer häufiger Niederlagen erleiden als weniger erfolgreiche. Es erklärt sich daraus, dass einer der wichtigsten Erfolgsfaktoren im Verkauf die Anzahl unserer Kundenkontakte ist. Wenn wir also viele Kontakte haben, haben wir auch viele Verkaufsabschlüsse, allerdings auch mehr Absagen. Spitzenverkäufer haben gelernt, aus Absagen brauchbare Schlüsse zu ziehen, sozusagen erfolgreich zu analysieren.

Die zwei Schlüsselfragen nach einer Niederlage für Spitzenverkäufer sind:

»Was habe ich gut gemacht?«
»Was kann ich nächstes Mal anders machen?«

Sie sehen, Spitzenverkäufer grübeln nicht herum, was sie hätten besser machen können, denn das impliziert ja, dass sie es nicht gut gemacht haben, und Selbstvorwürfe sind immer schlecht für die Psychohygiene. Ganz im Gegenteil, auch bei einer Niederlage ist vieles positiv abgelaufen und nur das machen sich Spitzenverkäufer bewusst!

Während der gesamten »Abschlussphase« ist unsere Wahrnehmungsgenauigkeit besonders wichtig. Alles was Sie darüber wissen sollten lesen Sie bitte im Buch meines Kollegen Roman Kmenta »Die letzten Geheimnisse im Verkauf« (Signum Wirtschaftsverlag) nach.

Die 72-Stunden-Regel mit Praxisfragen

Praxisfrage 1:
Wann soll ich im Verkaufsgespräch die Abschlussfrage stellen?

Mein erster konkreter Schritt zur erfolgreichen Umsetzung:

Praxisfrage 2:
Wie oft in einem Gespräch kann ich Abschlussfragen stellen?

Mein erster konkreter Schritt zur erfolgreichen Umsetzung:

Praxisfrage 3:
Welche Erfolgstechnik in der Abschlussphase muss ich beherrschen?

Mein erster konkreter Schritt zur erfolgreichen Umsetzung:

7.

Die glorreichen sieben Abschlusstechniken

7.1 Verkaufen ist kein Glücksspiel

Dass Verkaufen erlernbar ist, wissen wir bereits. Schwierige Umstände können uns nicht hindern, trotzdem den Auftrag zu erhalten. In diesem Kapitel besprechen wir unterstützende Maßnahmen dazu. Freilich, jeder Fisch lässt sich damit auch nicht an Land ziehen. Sollte es aber einmal nicht klappen, werden Sie allerdings wissen wieso. Und was wir als Profiverkäufer von dieser Erkenntnis haben, ist später noch ein Thema.

7.2 Die glorreichen sieben Abschlusstechniken

Was verstehen wir unter Abschlusstechniken?

Das Wort »Technik« sagt schon aus, dass es sich dabei tatsächlich um einen technischen Vorgang handelt. Das Gute daran ist, dass der genauso wie ein beliebiges Handwerk erlernt werden kann. Die Voraussetzungen dafür hat jeder von uns, ohne Ausnahme. Der Abschluss ist jener Prozess, in dessen Verlauf man den Menschen dabei hilft, Entscheidungen zu fällen, die gut für sie sind. Wir erinnern uns an das Gewinner-Gewinner-Prinzip!

7.2.1 Der Umkehrschluss

Kann auch ein Nein vom Kunden den erfolgreichen Abschluss bedeuten? – Ja! Aber lesen Sie selbst:

Unser Kunde sagt zu allen unseren Vorschlägen Nein, und wir können ihm offensichtlich kein Ja herauslocken.

Die Verkäufer-Erfolgsmethode

Wir zählen die wichtigsten Nutzen – die wir ja in der Bedarfserhebung erfahren haben – auf und fragen dann: »Gibt es noch irgendeinen Grund, weshalb Sie es sich nicht gönnen sollten?«

Der Kunde denkt nach und sagt: »Nein.«

Dieses Nein bedeutet unseren Auftrag!

7.2.2 Der Napoleon-Abschluss

Napoleon-Abschluss heißt diese Technik deshalb, weil Napoleon Bonaparte alle seine Gefechte und Schlachten strategisch genau geplant hat. Auch wir gehen bei dieser Technik strategisch vor.

Wir setzen diese Technik ein wenn unser Kunde das Angebot eines Mitbewerbers mit in die Endauswahl genommen hat und sich offensichtlich nicht entscheiden kann.

Die Verkäufer-Erfolgsmethode

Verkäufer: »Ich verstehe, die Entscheidung ist sicher sehr schwierig. Sie wollen bei dieser Investition auf jeden Fall auf Nummer sicher gehen. Bei ähnlich wichtigen Entscheidungen hat es sich mit anderen Kunden bewährt, die Vorzüge und Nachteile der vergleichbaren Produkte exakt aufzulisten. Wollen wir eine solche Liste gemeinsam erstellen?«

Kunde: »Ja, gerne.«

Jetzt nehmen wir unseren vorbereiteten Schreibblock zur Hand und malen drei Spalten darauf. Links die Eigenschaften, die für Ihren Kunden wichtig sind, und diese erarbeiten wir gemeinsam. Daneben das Wettbewerber-Produkt und rechts außen das eigene Produkt.

Der Napoleon-Abschluss

Eigenschaft	Wettbewerb		Eigenes Produkt	
	⊕	⊖	⊖	⊕
Preis	billiger		höher	
Funktion		kompliziert		praktisch
Lebensdauer	mit	tel		sehr hoch
Innovation		altmodisch		modern
	+ 1			+ 3

Abschluss:

»Konnte Ihre Entscheidungsfindung damit unterstützt werden?«

VBC
VerkaufsberaterInnencollege

So oder so ähnlich kann die Napoleon-Abschlusstabelle nun aussehen. Die Summe der Vorteile ergibt einen klaren Vorteil für unser Produkt beziehungsweise unsere Dienstleistung.

Achtung: Diese Technik verwenden wir nur, wenn wir ein ausgezeichnetes Produktwissen haben und auch die Produkte und Dienstleistungen unseres direkten Wettbewerbers sehr genau kennen.

7.2.3 Der letzte Einwand

Diese Technik setzen wir ein, wenn wir nach schwieriger Verhandlung knapp vor dem Abschluss stehen und unser Kunde noch einen Aspekt einbringt, der nur mit großem Zusatzaufwand erfüllbar ist.

Die Verkäufer-Erfolgsmethode

Verkäufer: »Also, angenommen, wir könnten diese Anforderung, falls technisch überhaupt möglich, so lösen, dass das Ergebnis trotz des hohen Aufwands für Sie perfekt wäre, würden Sie sich dann für unser Produkt entscheiden?«

Kunde: »Ja.«

Wir dramatisieren den Aufwand und machen ihn noch größer!

VBC-Tipp: Wir holen uns die Kaufzusage auf jeden Fall **vor** unserem Zugeständnis.

Wir kennen das ja alle: Reicht man den kleinen Finger, dann wollen manche Kunden gleich die ganze Hand. Wenn wir schon ein Zugeständnis machen, dann nur Zug um Zug gegen den Auftragsabschluss. Der Vorteil für uns liegt auf der Hand.

7.2.4 Der Frageabschluss

Diese Technik setzen wir ein, wenn unser Kunde, statt sich endlich zu entscheiden, immer nur Fragen stellt und wir, statt zu agieren, nur noch reagieren können.

Die Verkäufer-Erfolgsmethode

Kunde: »Haben Sie das auch in Blau?«

Verkäufer: »Wollen Sie es in Blau haben?«

Der Kunde denkt nach und sagt: »Ja.«

Verkäufer: »Na bestens.«

VBC-Tipp: Diese Technik ist natürlich nur dann geeignet, wenn blau (groß, klein, leicht, hell ...) tatsächlich vorhanden ist.

Mit dieser simplen Gegenfrage lösen wir den Entscheidungsprozess bei unserem Kunden aus. Was Verkäufern und Verkäuferinnen passiert, die diese Technik nicht kennen, wissen wir auch.

Eine junge Frau lässt sich die Bluse ihrer Wahl vom engagierten Verkäufer bringen. Sie dreht sich vor dem Spiegel hin und her und ist sich nicht ganz sicher, ob sie sich dafür entscheiden soll.

Kundin: »Haben Sie diese Bluse auch in Gelb?«

Der Verkäufer denkt nach und sagt: »Ich sehe schnell im Lager nach und bin gleich wieder da.« Der Verkäufer kommt zurück und präsentiert tatsächlich die gelbe Bluse.

Unsere Kundin probiert, dreht sich wieder vor dem Spiegel und kann sich immer noch nicht entscheiden.

Kundin: »Sagen Sie, haben Sie diese Bluse auch in Champagne?«

Verkäufer: »Im Lager nicht mehr, allerdings haben wir die champagnerfarbene Bluse in der Auslage ausgestellt, warten Sie, ich hole sie gleich.«

Der Verkäufer kommt zurück, Kundin probiert.

Die Kundin dreht sich wieder vor dem Spiegel und betrachtet sich aus allen Richtungen, mittlerweile hat sich schon ein ganzer Berg an Blusen in den unterschiedlichsten Farben angehäuft. Sie ist verwirrt.

Kundin: »Ich weiß nicht recht. Jedenfalls vielen lieben Dank für Ihre große Mühe, die Bluse gibt es in so vielen schönen Farben, ich kann mich jetzt tatsächlich nicht entscheiden. Ich werde noch einmal darüber schlafen.«

Verabschiedet sich und geht.

Wie dieser Geschäftsfall ausgegangen wäre, hätte der Verkäufer die Technik des Frageabschlusses gekannt, malen Sie sich bitte selber aus.

7.2.5 Der Wettbewerberabschluss

Diese Technik setzen wir ein, wenn unser potenzieller Kunde noch nie bei uns gekauft hat, sondern seit Jahren Geschäfte ausschließlich mit unseren Wettbewerbern abwickelt. Es war schon außergewöhnlich schwierig, überhaupt einen persönlichen Termin zu bekommen.

Die Verkäufer-Erfolgsmethode

Verkäufer: »Okay, ich verstehe, Wettbewerbsprodukt X ist ja wirklich eine gute Lösung.«

Kunde: »Ja.«

Verkäufer: »Na ja, vielleicht ein anderes Mal.«

Kunde: »Ja.«

Verkäufer: »Sagen Sie, lieber Kunde, darf ich noch eine Frage stellen?«

Kunde: »Ja, gern.«

Verkäufer: »Zu meiner besseren Orientierung, was war vor fünf Jahren für Sie tatsächlich der ausschlaggebende Grund, der Sie bewogen hat, sich für X zu entscheiden?«

Blickkontakt und Schweigen

Der Kunde antwortet und zählt auf.

Endlich kennen wir die wirklichen Motive.

Verkäufer: »Verstehe, mir ist sonnenklar, wieso Sie sich für X entschieden haben.
Sagen Sie, angenommen wir könnten Ihnen all diese Vorteile (und zählt die vom Kunden erwähnten auf) bieten und vielleicht sogar dazu noch ... (ein bisschen mehr), könnte ich dann einen neuerlichen Präsentationstermin mit Ihnen vereinbaren?«

Kunde: »Na ja, wenn, ..., ja gern.«

Wir sind wieder im Rennen.

VBC-Tipp: Profiverkäufer haben natürlich immer ihr Kalendersystem beim Kunden mit dabei. Vereinbaren Sie sofort einen fixen Termin mit Datum und Uhrzeit! Sie werden sehen, bis dahin wird Ihr Kunde aller Voraussicht nach nicht mit dem Wettbewerber abschließen, Sie haben ja einen konkreten nächsten Schritt vereinbart!

Da diese Methode stark an das detektivische Vorgehen von Inspektor Columbo angelehnt ist, wird sie auch »Columbo-Technik« bezeichnet.

7.2.6 Der Kompetenzabschluss

Diese Technik setzen wir ein, wenn unser Kunde zur Entscheidung noch das Okay von jemandem benötigt (Ehefrau, Einkaufschef, Vorstand, Geschäftsführung ...)

Die Verkäufer-Erfolgsmethode

Verkäufer: »Okay, ich verstehe, eh klar, dass Sie vor so einer wichtigen Entscheidung rücksprechen müssen.«

Der Verkäufer schlägt seine Verkaufsunterlagen zu und rutscht mit dem Sessel zurück. (Columbo würde nun seinen Staubmantel anziehen und sich anschicken, den Raum zu verlassen – in der Tür dreht er sich dann nochmals um, denn es ist ihm etwas eingefallen ...)

Jetzt ist die Energie auf der Seite des Kunden heraußen, es kann ihm ja, so denkt er, nichts mehr passieren.

Verkäufer: »Darf ich Ihnen noch eine Frage stellen, die für mich persönlich sehr wichtig ist?«

Kunde: »Na klar, gern.«

Verkäufer: »Also, angenommen, Sie könnten jetzt alleine entscheiden, würden Sie sich dann für unser Produkt entscheiden?«

Kunde: »Nein.«

Bei einem Nein sollten wir Verkäufer jetzt feiern gehen. Das sind nämlich all jene Geschäftsfälle, bei denen uns unser Kunde damit vertröstet, dass er die Entscheidung noch mit jemandem zu besprechen hat, um uns dann, wenn wir nachtelefonieren, zu sagen: »Vielen Dank für Ihr Angebot, leider hat sich mein Entscheidungsträger (Einkaufsleiter, Geschäftsführer, Vorstand, Ehepartner ...) anders entschieden.

Wenn unser Kunde also Nein sagt, dann haben wir die Riesenchance, daraus zu lernen, indem wir prüfen, ob es ein

Einwand oder ein Vorwand war. Richtig auspendeln können wir ja schon (siehe Kapitel 3).

Wenn unser Kunde allerdings Ja sagt, dann haben wir eine andere Riesenchance, nämlich doch noch abzuschließen. Möglicherweise reagiert unser Kunde so: »Eigentlich haben Sie ja Recht, wir haben ja immer mit Ihnen so gute Erfahrungen gemacht. Wo darf ich unterschreiben?«

Oder wir haben gleich die Gelegenheit, mit dem Kompetenzträger Kontakt aufzunehmen und das Okay einzuholen.

Sollte unser Kompetenzträger nicht erreichbar sein, nutzen wir jetzt die Zeit, um eine starke Bindung mit unserem Verhandlungspartner herzustellen. Wir gratulieren ihm zu seiner Entscheidung und bestärken ihn damit. Wir machen unseren Kunden sozusagen zu unserem Subvertreter beim Entscheidungsträger.

VBC-Tipp: In vielen Fällen ist es ratsam, gleich die vorbereitete Auftragsbestätigung, das Auftragsformular, dazulassen und einen Termin zu vereinbaren, wann wir die Bestätigung unterschrieben wieder abholen können.

7.2.7 Der provokative Abschluss

Diese Technik setzen wir ein, wenn unser Kunde permanent Einwände bringt, die Sie einfach nicht glauben können (Vorwände?). Diese Technik verlangt Ihnen allerdings etwas schauspielerisches Talent ab, denn wir hinterfragen gerade jene Argumente unserer Präsentation, von denen wir ganz sicher sind, dass sie unserem Kunden hundertprozentig gefallen haben.

Die Verkäufer-Erfolgsmethode

Verkäufer: »Okay, verstehe, Sie wollen es sich noch einmal überlegen.«

Kunde: »Ja.«

Verkäufer: »Sagen Sie, ist es Punkt X, der Ihnen nicht gefällt?«

Kunde: »Nein.«

Verkäufer: »Aha, dann gefällt Ihnen Punkt Y nicht?«

Kunde: »Nein.«

Verkäufer: »Aber mit Punkt Z sind Sie nicht ganz einverstanden?«

Kunde: »Nein, nein, das ist es auch nicht. Z gefällt mir sogar sehr gut. Nein, mir ist einfach die monatliche Belastung zu hoch.«

Verkäufer: »Aha, die monatliche Belastung. Welche Obergrenze haben Sie sich denn vorgestellt?«

Wir sind wieder im Rennen.

Die 72-Stunden-Regel mit Praxistransfer

Kennen heißt nicht Können, das wissen wir ja. Aus diesem Grund finden Sie nachfolgend einige Sequenzen aus Verkaufsgesprächen. Bitte lesen Sie die jeweilige Verkaufsstory genau durch und entscheiden Sie dann, mit welcher der glorreichen sieben Abschlusstechniken Sie an der Stelle des Verkäufers das Geschäft abgeschlossen hätten.

Verkaufsstory 1

Verkäufer: Siegfried Schlau, Verkaufsleiter der Firma Top Car:
Kunde: Erich Unschlüssig
Produkt: das Spitzenmodell der Firma Top Car, K6

Siegfried Schlau ist Verkaufsleiter der französischen Autofirma Top Car. Erich Unschlüssig besucht das Autohaus bereits zum vierten Mal. Außerdem ist er das neue Topmodell K6 bereits Probe gefahren. Siegfried Schlau hat mit viel Geduld und Einfühlungsvermögen die Ausstattung mit Erich Unschlüssig besprochen. Erich Unschlüssig wünscht sich sowohl ein Navigationssystem als auch Ledersitze. Die gewünschte Klimaanlage ist serienmäßig dabei. Siegfried Schlau ist ein routinierter, erfolgreicher Verkäufer. Im Jahresdurchschnitt verkauft er über 200 Neufahrzeuge. Er weiß daher, dass Kunden hauptsächlich durch geschicktes Fragen zum Abschluss geführt werden können. Immer wieder stellt er Abschlussfragen, aber Erich Unschlüssig kann sich nicht entscheiden, sagt aber auch nicht endgültig Nein.

Welche Verkaufsabschlusstechnik würden Sie nun anwenden, um das Verkaufsgespräch erfolgreich abzuschließen?

Abschlusstechnik:

Die richtige Antwort finden Sie im Internet unter www.vbc.biz.

Verkaufsstory 2

Verkäufer: Freddi Tuscher, PDA-Spezialist im Computerfachhandel
Kunde: Karl Überleger, medizinisch-technischer Berater und ein besonders schwieriger Fall für Freddi Tuscher
Produkt: MOISP ORP XN 5

Karl Überleger ist medizinischer Berater und seit 20 Jahren erfolgreich im Außendienst tätig. Er beliefert öffentliche und private Krankenhäuser mit endoskopischen Instrumenten und Geräten. Karl Überleger ist gut organisiert, verwendet allerdings immer noch ein Zeitplanerbuch und will jetzt, wie die meisten seiner Kollegen, auf ein kleines digitales Organizer Systeme – PDA (Personal Digital Assistant – elektronische Winzlinge) – umsteigen. Er lässt sich von einem echten Fachmann beraten.

Freddi Tuscher arbeitet in einem Spezialgeschäft für PDAs und führt die meisten der aktuellen Modelle vor, die es jetzt so am Markt gibt. Nach einem langen Beratungsgespräch und einer Analyse aller Vor- und Nachteile nimmt man den MOISP ORP XN 5 in die Endauswahl. Freddi Tuscher findet heraus, dass es Herrn Überleger vor allem die Tastatur angetan hat, die dieses Modell für ihn gegenüber den anderen Geräten auszeichnet, die mit Stifteingabe zu bedienen sind. Auch der große Bildschirm und die übersichtliche Kalenderfunktion gefallen ihm sehr. Um das endlose Beratungsgespräch nun zu einem Abschluss zu bringen, stellt Freddi Tuscher echte Abschlussfragen (Entscheidungsfragen). Karl Überleger weicht aber immer wieder aus und will es sich »noch einmal überlegen«.

Welche Abschlusstechnik kann Freddi Tuscher nun anwenden, um das Gespräch zu einem Verkaufsabschluss zu bringen?

Abschlusstechnik:

Die Antwort finden Sie auf der Internetseite www.vbc.biz.

Verkaufsstory 3

Verkäufer: Gerhard Sieger, 38 Jahre, Key-Account-Manager der Firma High End Production
Kunde: Firma Rössl & Meier AG
Produkt: XJR Systemmaschine zur Endausformung von Kunststoffen im Wert von 204 000 Euro

Die Rössl & Meier AG ist ein auf Kunststoff-Herstellung spezialisiertes Unternehmen. Es produziert Spezialkunststoffe für die Flugzeugindustrie und Kunststoffteile für diverse Sportgeräte, zum Beispiel Skibeläge, Tennisschlägersaiten.

Gerhard Sieger kümmert sich seit einem Jahr um einen Auftrag für die neue XJR-Systemmaschine. Angeboten haben insgesamt vier Firmen, ein Wettbewerbsunternehmen ist noch mit im Rennen. Das Verkaufsabschlussgespräch läuft schon deutlich über eine Stunde, die Einkäufer der Rössl & Meier AG sind sehr unschlüssig. Gerhard Sieger kennt die Kundenwünsche und Motive genau, er hat sehr gut nutzengerecht argumentiert. Aber auch nach zwei geschlossenen Abschlussfragen konnten sich die Einkäufer nicht entscheiden.

Welche Verkaufsabschlusstechnik würden Sie nun anwenden, um das Verkaufsgespräch erfolgreich abzuschließen?

Abschlusstechnik:

Die Antwort erhalten Sie auf der Internetseite www.vbc.biz.

Verkaufsstory 4

Verkäufer: Siegfried Gelinger von Erfolgsmobil, 36 Jahre
Kunde: Gon Gil, exklusive Damenmode
Produkt: Erfolgsmobil-Simkarten

Nach monatelanger professioneller Betreuung hat es Siegfried Gelinger geschafft, endlich einen Termin beim Vor-

stand von Gon Gil zu erhalten. Gon Gil hat 110 Mobiltelefonanschlüsse und ist aus Tradition (früher gab es keine Alternative) P1-Kunde. In den Vorerhebungen hat Siegfried Gelinger erfahren, dass man aus mehreren Gründen mit P1 nicht ganz zufrieden sei. Die Telefonabrechnungen sind nicht mehr transparent genug, im Bereich der Zentrale gibt es immer noch Empfangsprobleme, und die Mitarbeiterinnen beschweren sich zuletzt vermehrt, dass die Mailboxnachrichten bis zu zwölf Stunden zeitverzögert ankommen.
Siegfried Gelinger ist gut vorbereitet und aufgrund des bisherigen Verlaufs der Verhandlungen sehr optimistisch, Gon Gil als Kunden zu gewinnen. Es gelingt ihm auch wirklich, bestes Gesprächsklima und persönliche Affinität mit dem Vorstandsmitglied Erich Astl aufzubauen.

Als es dann zum Abschluss kommt, sagt Astl plötzlich, dass er alleine keinesfalls entscheiden kann und auf jeden Fall die Meinung vom Vorstandsvorsitzenden Dr. Mühlböck einholen muss, um die Entscheidung zu treffen.

Mittlerweile wissen Sie ja längst, welche Abschlusstechnik Siegfried Gelinger nun anwenden kann, um die Chance für einen Abschluss maßgeblich zu verstärken.

Abschlusstechnik:

Die Antwort erhalten Sie auf der Internetseite www.vbc.biz.

Verkaufsstory 5

Verkäufer: Georg Weisgenau, Key-Account-Manager bei der Firma Erfolgsmobil
Kunde: Natascha Bettelmann, Geschäftsführerin der Firma Chiptronic
Produkt: 62-»Vieltelefonierer«-Simkarten

Die Firma Chiptronic arbeitet seit Jahren mit B1 im Bereich der Mobiltelefonie zusammen. Aus sicherer Quelle hat Georg Weisgenau herausgefunden, wie außerordentlich hoch der Umsatz von Chiptronic bei B1 ist, und er versucht seit Monaten, dort ins Geschäft zu kommen.

Nach mehreren telefonischen Anläufen ist es ihm nun gelungen, ein intensives Beratungsgespräch mit Frau Bettelmann zu führen. Das Gespräch ist gut verlaufen, Frau Bettelmann hat aber immer auf die langjährige, gute Zusammenarbeit mit B1 verwiesen.

Durch besonders geschicktes Anwenden der »Wettbewerbstechnik« hat es Georg Weisgenau jedoch geschafft, zumindest Interesse für Erfolgsmobil zu erwecken, und er konnte gleich einen Fixtermin für eine zweite Besprechung vereinbaren. Georg Weisgenau ist ein Profi, er hat beim ersten Gespräch gut zugehört und eine sehr gute Bedarfserhebung gemacht. Die erhaltenen Informationen hat er in seiner Datenbank gespeichert.

Somit bestens vorbereitet, ist er positiv gestimmt in das heutige Gespräch gegangen. Es gelingt ihm, sehr exakt die wirklichen Motive von Frau Bettelmann herauszuarbeiten und echtes Interesse für einen Umstieg zu wecken.

Das Bürogebäude von Chiptronic liegt im Irenental in Niederösterreich. Das größte Problem für Frau Bettelmann ist die schlechte Netzfrequenz im Bürogebäude auf dem Firmengelände. Als nun wirklich alle wichtigen Argumente durchgegangen wurden, fragt Frau Bettelmann: »Herr Weisgenau, können Sie uns garantieren, dass ich mit Erfolgsmobil wirklich in bester Qualität auch im Bürogebäude und auf dem Firmengelände telefonieren kann?«

Sie wissen natürlich längst, welche Abschlusstechnik Sie nun Georg Weisgenau empfehlen würden und wie Sie die nächste Info beziehungsweise Frage formulieren würden.
Abschlusstechnik:

Die Antworten erhalten Sie im Internet unter www.vbc.biz.

Verkaufsstory 6

Verkäufer: Horst Fix, Firma Erfolgsmobil, 32 Jahre
Kunde: Bartenstein Industrieanlagen
Produkt: Erfolgsmobil-Simkarten

Die Firma Bartenstein liegt im Ruhrpott und fertigt Industrieanlagen zur Produktion von Waffeln und Schnitten an. Bartenstein hat ein Team von 21 Personen im Außendienst beschäftigt, die alle über einen B1-Anschluss verfügen. Darüber hinaus gibt es weitere 15 Mobilanschlüsse bei B1 für leitende Innendienstmitarbeiter und -mitarbeiterinnen, die sporadisch Dienstreisen durchführen und dabei ihre Mobiltelefone intensiv einsetzen.

Aus sicherer Quelle weiß Horst Fix, wie extrem umsatzstark die Firma Bartenstein bei B1 ist, und hat nun mit Ausdauer und Charme durch die Chefsekretärin einen Termin beim Geschäftsführer Franz Klug vereinbart.

Gewohnt gekonnt präsentiert Horst Fix nun die Vorteile der Erfolgsmobil-Simkarte. Nach einem 20-minütigen Beratungsgespräch bedankt sich Herr Klug für die gute Beratung und sagt, er würde sich die Vorteile von Erfolgsmobil überlegen, glaube aber, dass aufgrund der Tatsache, dass die B1-Nummern den meisten Kunden bekannt seien und außerdem auf allen Drucksorten stünden, ein Umstieg derzeit nicht infrage käme.
Horst Fix akzeptiert als erfolgsorientierter Verkaufprofi vorerst die Feststellung des Kunden, gibt jedoch das Ziel, die Firma Bartenstein für Erfolgsmobil zu gewinnen, noch lange nicht auf.

Abschlusstechnik:

Welche Abschlusstechnik würden Sie anstelle von Horst Fix nun einsetzen, um aus dieser Verkaufssituation mit dem maximalen Ergebnis auszusteigen?

Die Antwort erhalten Sie auf der Seite www.vbc.biz.

Verkaufsstory 7

Verkäufer: Erika Freudentag, Ceek & Plockenberg
Kunde: Laura Esposito
Produkt: modischer Sommersweater

Laura Esposito nützt mit ihrem Lebensabschnittspartner den langen Einkaufssamstag in der beliebten Einkaufspassage. Für ihre Freizeitgarderobe wünscht sie sich einen modischen Baumwollsweater.

Sie waren schon in zwei Boutiquen, wo sie nicht fündig geworden sind. So sind sie jetzt in das neue Bekleidungskaufhaus »Ceek & Plockenberg« marschiert. C & P hat eine große Auswahl, schnell findet sich eine Verkäuferin – Erika Neumann –, die sachkundig über Materialbeschaffenheit und Größe Auskunft gibt. Als man sich anscheinend auf das Markenstück »Set-Jet« geeinigt hat, beginnt Laura Esposito die einzelnen Farben dieses Sweaters durchzuprobieren, um zu sehen, welche der Farben ihr am besten stehen. Erika Freudentag ist sehr engagiert und bietet ihr verschiedene Farbvarianten an.

Der Sweater ist in sechs Standardfarben ausgestellt, darüber hinaus gibt es noch vier weitere Farbstellungen im Lager, wie Erika Freudentag weiß. Frau Esposito zählt zu den Kundinnen, die sich nur schwer entscheiden können. Nachdem sie jetzt alle sechs im Verkaufsraum verfügbaren Farben durchprobiert hat, fragt sie, ob es diesen Sweater, der ihr sehr gut gefällt und den sie eigentlich auch haben möchte, auch in Royalblau gibt, denn die sei eine ihrer Lieblingsfarben und passe besonders gut zu ihren schwarzen Haaren.

Wären Sie an der Stelle von Erika Freudentag, welche Abschlusstechnik würden Sie nun ausprobieren? Und wie würden Sie den Verkaufsabschluss einleiten?

Abschlusstechnik:

Die Antwort erhalten Sie auf der Internetseite www.vbc.biz.

8.

Erfolgsfaktor Nummer eins

8.1 Fragen stellen

Wie wir gesehen haben, bedeutet eine erfolgreiche Abschlusstechnik eigentlich, gut Fragen stellen zu können – Abschlussfragen!

Die Höflichkeit im Gespräch gebietet ja, in jedem Fall nach jeder Frage ruhig zu sein, die Antwort des Gesprächspartners abzuwarten, um so in einen guten Dialog zu treten.

In der Abschlussphase ist das der Erfolgsfaktor Nummer eins! Darum widme ich diesem Punkt ein eigenes Kapitel.

8.2 Halt 's Maul!

Unser ultimativer Erfolgsgarant.

Was wir nach jeder Frage beachten müssen.

Was wir besonders nach jeder Abschlussfrage beachten müssen. Unbedingt und immer!

Erfolgsgarantie:
Wir fragen und sind dann ruhig!

Der Erste, der jetzt spricht, hat verloren – stimmt nicht! Denn hier wenden wir unser Gewinner-Gewinner-Prinzip an. Wir haben durch unser Verkaufsgespräch, durch geschickte Fragen und aktives Zuhören ja längst überprüft, ob unser Kunde vom Kauf profitiert. Ansonsten hätten wir längst die Finger davon gelassen. Wenn jetzt unser Kunde spricht, hat er gewonnen! Und wir natürlich auch, das Gewinner-Gewinner-Prinzip ist wieder einmal voll aufgegangen!

9.

Das Nachspiel

9.1 Was kommt danach?

Als Vollblutverkäufer ergreifen wir nach dem Verkaufsabschluss nicht gleich die Flucht. Profis werden allerdings auch nicht stundenlang plaudern, sondern bestärken ihre Kunden in ihrer Entscheidung und bauen der »Nachentscheidungskaufreue« vor.

Wir kennen das ja: Vor dem Spiegel im Geschäft haben die neuen handgemachten Lederschuhe unser Herz höher schlagen lassen. Ernüchternd waren dann die Worte der Dame an der Kasse: »Das macht 270 Euro.« War die Entscheidung zum Kauf richtig?

Genau bei diesem Gefühl begleiten wir nun unsere Kunden – wir gratulieren ihnen zu ihrer Entscheidung und lassen keine Zweifel aufkommen.

Bei komplexen Projekten ist es wichtig, dass wir jetzt alle sachlichen Details prüfen und umsetzen. Alles, was wir unserem Kunden versprochen haben, gilt es nun rasch und professionell zu erledigen. Erstaunlich ist, dass wir uns schon alleine dadurch von manchen Mitbewunderern unterscheiden.

Wenn wir einen Teilabschluss getätigt haben, was bei größeren Projekten durchaus üblich ist, gilt es jetzt, gleich den nächsten Termin vorzubereiten. Gute Verkaufsplanung schließt nach dem Abschluss einen Zeitpuffer ein, den wir zur

Nachbearbeitung nutzen: Kundendatenbank à jour bringen, Angebotsauslösung, technische Abwicklung, Vorbereitung des nächsten Termins etc. Jetzt können wir unsere handschriftlichen Notizen noch gut lesen, ob wir das in zwölf Wochen auch noch können, ist die Frage.

9.2 Erfolge programmieren

Wir halten unsere Verkaufserfolge fest. Dazu führen wir ein persönliches Erfolgstagebuch oder »Abschluss-Erfolgsjournal«. Ein solches können Sie sich übrigens gleich in unserem Onlineshop unter www.vbc.at besorgen.

Was wir dabei auf jeden Fall beachten müssen:

- Wir führen es täglich.
- Wir notieren Datum, Kunde, Produkt und was wir persönlich gut gemacht haben.
- Mindestens zwei bis drei Erfolge täglich, besser fünf.
- Mindestens 20 Arbeitstage hindurch.

Beginnen Sie gleich heute!

Psychologen haben herausgefunden, dass sich Handlungen, die drei Wochen hindurch regelmäßig gesetzt werden, automatisieren. Automatisieren Sie Ihre Erfolge!

Sie werden sehen, spätestens in der vierten Woche wachen Sie in der Früh mit den positiven Gedanken im Kopf auf, die Sie dann am Abend in Ihr Erfolgstagebuch eintragen werden. Siehe da, diese sich selbst erfüllende Prophezeiung funktioniert – und jetzt erfreuen Sie sich an Ihren Erfolgen!

9.3 Der Selbstcheck

Der Unterschied zwischen einem Verkaufssuperstar und einem Durchschnittsverkäufer ist nicht, dass der Superstar immer alle Geschäfte abschließt. Das tut er nicht. Der Superstar allerdings reflektiert. Die beste Möglichkeit zu reflektieren ist, unser Verhalten nach dem Verkaufsgespräch zu analysieren. Wenn wir das nach jedem Verkaufsgespräch tun, lernen wir, uns im Gespräch sozusagen virtuell zu beobachten (Metaposition), so als wären wir eine dritte Person, die uns beim Dialog mit dem Kunden zusieht und zuhört und danach Feedback gibt – wir sind unser eigener Coach!

Wir von VBC bieten das unseren Kunden im persönlichen Außendienstcoaching sehr erfolgreich an. Es handelt sich dabei um eine von VBC entwickelte Methode von »Training-on-the-Job«, Tandemverkauf und Einzelcoaching. Ein Profitrainer begleitet Sie zu ihren Kunden, nach den Gesprächen erhalten Sie Feedback.

Wenn Sie keinen Coach als Begleiter haben – hier die Erfolgsregeln zum Selbstcheck:

- Wie gut war meine Vorbereitung?
- Wie war meine Kommunikation?
- Wie war mein aktives Hinhören?
- Habe ich mein Ziel erreicht?
- Habe ich mein Subziel erreicht?
- Was habe ich gut gemacht?
- Was kann ich anders machen?
- Wie war meine MNC-Technik im Rahmen der Präsentation?
- Was muss ich intern veranlassen?
- Habe ich den nächsten Termin vorbereitet?

Die 72-Stunden-Regel mit Praxistransfer

Damit Sie die Methode des Selbstchecks für sich gleich automatisieren können, bieten wir Ihnen hier die entsprechende Checkliste als Kopiervorlage an.

Selbstcheck nach dem Kundengespräch

Verkäufer/-in **Firma/Kunde**
Datum

Wie gut war die Vorbereitung?

Was waren die privaten Anknüpfungspunkte,
die ich erfahren habe?

Wie war das aktive Hinhören?

War die Bedarfserhebung ausreichend?

Was waren die wichtigsten Kundennutzen?

Wie war meine MNC-Technik?

Wie war mein Umgang mit Einwänden?

Was habe ich gut gemacht?

Was kann ich anders machen?

Was muss ich veranlassen?

Habe ich mein Ziel erreicht (Subziel)?

Liebe Leserin, lieber Leser, Sie sind jetzt am Ende dieses Buches. Nehmen Sie sich jene Punkte mit, von denen Sie wissen, dass Sie damit noch erfolgreicher werden.

Ich freue mich sehr auf einen Dialog mit Ihnen. Ganz besonders freuen mich Ihre Erfolgsgeschichten!

Bitte schreiben Sie an tripolt@vbc.at Ich warte auf Ihr Feedback und sende Ihnen alle Energie, die Sie benötigen, um zukünftig Ihren Verkaufserfolg selbst zu gestalten.

Ihr Niklas Tripolt

»Wichtig ist nicht, was wir wissen,
sondern wichtig ist, was wir können!«

Literaturverzeichnis

Cialdini, Robert B.: »Die Psychologie des Überzeugens«, Bern 2004

Crainer, Stuart: »Die 72 besten Managemententscheidungen aller Zeiten«, Wien/Frankfurt 2000

Detroy, Erich Norbert: »Sich durchsetzen im Preisgespräch und Preisverhandlungen«, Frankfurt 2004

Feldmann, Heinz: »Trotz Fehlern in den Verkaufsolymp«, Wien 2004

Feldmann, Heinz: »Preisverhandlungen leicht gemacht«, Heidelberg 2005

Harris, Thomas A.: »Ich bin o. k., Du bist o. k.« Hamburg 1975

Hierhold, Emil: »Verkaufspräsentationen« Wien 1997

Kmenta, Roman: »Die letzten Geheimnisse im Verkauf«, München 2006

Köhler, Hans-Uwe L.: »Love Selling«, New York 1998

Tripolt, Niklas: »Spitzenverkaufserfolge«, München 2006

Watzlawick, Paul: »Wie wirklich ist die Wirklichkeit«, München 2003

Danksagung

An dieser Stelle möchte ich mich bei einigen Menschen und vor allem Wegbegleitern bedanken und jene hervorheben, die ganz maßgeblich zum Entstehen dieses Buches beigetragen haben.

Zuerst vielen Dank an meine große Schreibunterstützung Johanna Loicht. Ganz vielen Dank auch an meine Mama, die die Zeilen ihres Sohnes immer besonders kritisch hinterfragt. Besonders möchte ich mich bei Jan L. Wage bedanken. Jan Wage hat mich ganz professionell bei meinem ersten Buchprojekt „Spitzenverkaufserfolge – Motivation in schwieriger Zeit« begleitet. Ohne seine Hilfe wäre weder das erste noch das zweite Buch entstanden. Ganz herzlichen Dank auch an Emil Hierhold. Sein Einstieg als VBC- Gesellschafter 1997 war der erste große Meilenstein und Startschuss zum Erfolgskonzept VBC. Ganz lieben Dank auch an meine Gesellschafter-Kollegen Heinz Feldmann und Robert Klemensich, die nicht nur an Sonnentagen, sondern auch an Regentagen immer das gemeinsame Ziel vor Augen haben und persönliche Befindlichkeiten hintanstellen. Vielen Dank auch für die vielen Inputs der VBC-Franchisenehmer, die mittlerweile das erfolgreichste Verkaufstrainings-Vertriebsnetz im deutschsprachigen Europa darstellen. Danke an mehr als 50 VBC-Trainer und -Trainerinnen, VBC-Assistenten und -Assistentinnen sowie Koordinatoren und Koordinatorinnen, die täglich beweisen, was es heißt, qualitativ hochwertige, praxisnahe Verkaufstrainings abzuhalten.

Danke, danke, danke an mehr als 30 000 Teilnehmer und Teilnehmerinnen von VBC, ohne deren Feedback VBC das nicht wäre, was es heute ist. Last, but not least 1000 duftende Blumen für meine kleine Familie an meine Ehefrau Alexandra, die bis vor kurzem Personaldirektorin von McDonald's Österreich war und seit 14. November 2005 die beste Mutter ist, die sich unser gemeinsamer Sohn Matteo nur vorstellen kann. Tausend Dank an meine Frau, die in allen beruflichen Fragen mit ihrer Weisheit und Besonnenheit zu Antworten auf Fragen verhilft und die ich über alles liebe – danke!